1학년 첫 배움책

튼튼한 한글 공부 든든한 학교 첫걸음

박지희 지음 | 김무연 그림

상상정원

초대하는 말

문해력, 제대로 된 한글 교육에서 출발합니다!

"세 살 때부터 음절표와 낱말 포스터를 붙여 놓고 한글 공부를 시작했어요."
"유치원 때도 받아쓰기까지 곧잘 하던데요?"
"모국어인데 크면 자연스럽게 잘 하지 않을까요?"

한글을 떼고 초등학교에 입학했는데, 왜 이 시기에 한글을 한 글자씩 천천히 배워야 하는지 이해할 수 없다고들 합니다. 초등학교 1학년 시기에 왜 한글을 배워야 할까요? 이 질문에 답하고자 만든 책이 《1학년 첫 배움책》입니다.

아이들의 언어 능력, 문해력은 제때 제대로 가르치지 않으면 절대 늘지 않습니다. 가르쳐야 할 것은 가르쳐야 배웁니다. 아무리 부모 옆에서 운전하는 것을 많이 봤다고 해서 운전을 할 수 있는 것이 아니듯이 언어 기호를 인지하는 능력은 반드시 가르침과 배움이 있어야 자랍니다.

전 세계 모든 나라에서 만 7세가 되면 본격적인 문자 학습을 시작합니다. 이 시기는 뇌과학적인 측면에서도 수학적 개념과 문자를 인식하는 두정엽과 측두엽이 새로운 연결고리를 만들면서 수 감각과 언어 감각을 키우는 시기이기 때문입니다. 그래서 이 시기를 '문해력의 골든타임'이라고 합니다.

문해력은 글자나 글을 읽는 데서 출발하여 읽은 내용을 이해하고 판단하는 능력을 말합니다. 즉, 글로써 인지와 정서, 사고력을 키우는 것을 말합니다. 초등학교에 입학하는 만 7세 아이들이 이런 문해력의 시작점인 초기 문해력 단계에 들어섭니다.

문해력의 출발은 정확한 한글 습득입니다. 한글을 제대로 깨치지 못한 아이들은 학습이나 책을 싫어하게 되고, 국어 수업뿐만 아니라 모든 수업에서 소외되기 시작합니다. 이런 아이들은 스스로 생각하고 성찰하는 기회도 갖지 못하게 되면서 성장이 더디거나 멈추고 맙니다.

문해력 발달의 차이는 개인의 탓이라기보다는 아이가 경험하는 기회의 양과 질의 차이에서 옵니다. 문자랑 친해질 환경과 적절한 교육의 기회를 제공하는 것은 어른들의 몫이지요.

아이들의 정확한 한글 습득을 위해 30여 년간 가르치고 연구한 경험을 담아 펴낸 책이 《1학년 첫 배움책》입니다. 이 책은 문자 세계에 처음 들어오는 아이들에게 한글에 대한 첫인상을 즐겁게 해 주고, 문해력과 문자 세상을 향한 여행에 기대감과 설렘을 안겨 주기 위한 책입니다. 한글을 왜 가르치는지, 어떻게 가르쳐야 하는지, 어디까지 가르쳐야 하는지를 차근차근 일러 주고 한글을 배울 때 놓치지 말아야 할 것이 무엇인지까지 담고자 했습니다.

제대로 된 한글 습득은 소릿값을 알고, 각 음절 글자를 익히며, 낱말을 읽고, 문장을 소리 내어 읽는 단계를 거쳐 정확하고 유창하게 읽으면서 저절로 이해하는 것을 말합니다. 그러기 위해서는 한글을 배우는 단계는 촘촘하고 속도는 느긋해야 하지요. 《1학년 첫 배움책》은 아이들의 속도에 맞추면서도 풍부한 문해 환경을 만들어 주기에 충분한 체계적인 한글 교육 안내서입니다.

《1학년 첫 배움책》은 1학년 아이들에게 꼭 필요한 한글 습득 과정을 홀소리(모음), 닿소리(자음), 복모음, 겹받침까지 음가를 알고, 음절과 낱말을 만들며 문장을 완성하도록 했습니다. 또 내용을 이해할 수 있도록 구성했습니다.

먼저, 글자를 하나하나 가르쳐야 하는 통문자 방식이 아닌 절충식으로 글자를 배우도록 했습니다. 말은 작은 소리 덩이, 즉 음절로 이루어지고 음절은 작은 소리 조각인 음소로 이루어집니다. 음소가 달라지면 낱말의 뜻이 달라진다는 것을 아이들 스스로 느끼며 깨닫게 하는 절충식으로 구성했습니다. 자소 하나하나를 체계적으로 배우게 합니다. 음소와 자소의 대응 관계를 이해하게 하고 음절을 만들고 소리 내어 읽게 합니다. 또 낱말을 만들어 읽고, 낱말의 의미를 이해하게 하여 해독의 기초를 다집니다.

선 그리기부터 시작합니다. 글자는 기호이고, 선은 기호의 작은 구성 요소입니다. 아이들은 선의 방향과 생김새를 인식하면서 기호를 인식하게 됩니다. 그 인식 능력은 글자를 읽고 쓰는 데 바탕이 되지요.

홀소리부터 배우고 닿소리를 배웁니다. 홀로 있어도 음절이 되고 낱말이 되는 홀소리부터 배우고 기본 닿소리 14개 글자와 된소리를 나란히 배웁니다. 홀소리와 결합하거나 받침으로 왔을 때 어떻게 소리가 나고 쓰이는가를 익힙니다. 소리 나는 기관이나 방식에 따라 어금닛소리, 혓소리, 입술소리, 잇소리, 목구멍소리로 묶어 배웁니다.

6개월이나 1년의 과정으로 배울 수 있도록 했습니다. 자모에서 시작해서 음절을 이루는 방법과 소리 내는 방법, 그 음절이 모여서 낱말을 이루고, 그 낱말이 문장 속에 들어가 이야기가 된다는 것을 충분히 익히고 부려 쓸 수 있도록 구성했습니다. 이 책의 활동을 기반으로 하여 글자를 크게도 그려 보고, 네모 칸에 맞게 써 보기도 하고, 그 글자를 몸으로도 만들어 보고, 찰흙으로 빚어도 보면서 놀 수 있습니다. 또 다른 음소랑 결합하면 어떤 음절이 되는지 말놀이도 결합하고 시나 이야기에서 그 글자가 들어간 낱말을 찾는 활동도 할 수 있지요. 이렇게 하나의 자모를 갖고 충분히 갖고 놀면서 익혀야 아이들은 두려워하지 않고 문자 세상으로 들어옵니다.

1학년은 한글을 제대로 배우는 시기입니다. 이 시기는 소리와 글자를 연결시키는 시기이므로 되도록 많은 소리를 들려주면 좋습니다. 그 소리를 글자와 연결하는 활동을 많이 해야 하지요. 가장 좋은 방법은 '매일 소리 내어 읽어 주기'입니다.

《1학년 첫 배움책》을 출간하고 나서 큰 사랑을 받았습니다. 한글을 어떻게 가르쳐야 하는지에 대해 목말라했던 전국 곳곳의 선생님들과 부모님들이 환호했고, 아이들도 좋아했습니다. 전혀 한글을 모르던 아이들에게는 자신감을 안겨 주기도 했지요.

《1학년 첫 배움책》은 한글을 가르쳐야 하는 선생님과 학부모에게는 하나의 지침서이고, 배워야 하는 아이들에게는 친절한 한글 안내서이자 배움 활동서입니다. 아이들이 가장 어려워하는 받침에 대한 내용을 보강하여 새롭게 세상에 내놓습니다.

아이들이 문해력과 문자 세상을 향한 여행에 기대감을 안고 당당하게 출발하는 데 큰 도움이 되면 좋겠습니다. 넓은 세상으로 여행을 떠나는 출발선에 선 아이들에게 마음대로 노닐고, 또 날 수 있도록 날개를 선물해 주는 계기가 되기를 바랍니다.

박지희

사용 설명서

이 책은 아이들이 혼자서 하는 책이 아닙니다. 반드시 교사나 부모 또는 협력자와 함께 해야 하는 책입니다. 아이들에게 "몇 쪽부터 몇 쪽까지 해라." 하는 식으로 활용되지 않기를 바랍니다. 만 6~7세 아이들은 귀로 수없이 들었던 말을 글자로 연결시키는 과정에 있으므로 아이들에게 소리를 들려주고, 그것을 글자로 연결하는 활동을 많이 해야 합니다.

1. 선을 그려요

글자는 기호이고, 선은 기호의 구성 요소입니다. 글자를 본격적으로 배우기에 앞서 기호의 방향과 생김새를 인지하고 그리는 것은 글자를 인식하는 데 큰 도움이 됩니다. 선 그리기는 글자 배우기 전 단계 과정으로만 의미가 있는 것이 아닙니다. 선 그리기는 소근육의 힘을 키워 줄 뿐만 아니라 공간 감각과 뇌와 손의 협응력, 색채 감각까지 키워 줍니다. 선 그리기는 글자 쓰기의 전 단계 과정이므로 글자를 배우는 과정에 맞게 합니다. 이 책에 실려 있는 순서대로 하면 됩니다. 아이들은 선 그리기를 매우 좋아합니다. 따라서 책에 제시된 것만 아니라 종합장에 다양한 변형을 하면서 해도 좋습니다.

2. 홀소리를 배워요

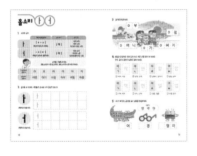

홀소리(모음)는 홀로 있으면서도 음절이 되고, 낱말이 됩니다. '아'와 '어'처럼 생김새는 비슷하면서도 결이 다른 홀소리를 비교하고 구분하며, 글자를 넣어 낱말을 완성하게 합니다. 또 '나'와 '너' 또는 '악'이나 '억'처럼 닿소리와 결합했을 때 소리와 뜻이 어떻게 변하는지 느끼게 합니다. 글자가 쓰인 낱말을 찾거나 말놀이 동시, 전래 동요에서 홀소리를 익힐 수 있도록 구성했습니다. 아이들이 읽기 쉬운 자료를 제시해 읽는 재미를 느끼며 배울 수 있도록 했습니다.

3. 닿소리를 배워요

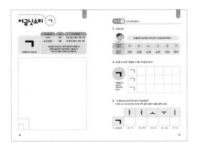

닿소리(자음)는 기본음 ㄱ, ㄴ, ㅁ, ㅅ, ㅇ에서 가획의 원리로 만들어진 9개와 5개의 센소리로 이루어져 있습니다. 또 소리 나는 기관이나 방식에 따라 어금닛소리 ㄱ, ㄲ, ㅋ / 혓소리 ㄴ, ㄷ, ㄸ, ㅌ, ㄹ / 입술소리 ㅁ, ㅂ, ㅃ, ㅍ / 잇소리 ㅅ, ㅆ, ㅈ, ㅉ, ㅊ / 목구멍소리 ㅇ, ㅎ으로 분류합니다. 이 책에서는 소리 내는 방식이 같은 것을 묶어서 나란히 배울 수 있도록 구성했습니다. 비슷하지만 결이 달라지는 것을 직접 체험해 볼 수 있습니다. 글자 놀이를 통해서 다시 한 번 묶음 글자를 비교하며 익힐 수 있습니다. 한 음절로 음가를 느끼게 하고, 낱말에 들어 있는 음가를 느끼고 구분하는 활동을 합니다. 글자 쓰기, 음절 만들기, 낱말 만들고 쓰기, 문자 완성하기를 한 뒤 해당 닿소리가

들어간 읽기 자료를 통해 내용 이해뿐만 아니라 유창하게 읽는 연습을 하면서 기본 독해 훈련을 합니다. 닿소리 받침(끝소리)도 배웁니다. 받침은 대표 음가로 나기 때문에 같은 소리가 나지만 다른 글자인 경우를 비교하며 배우도록 합니다. '바다'에서 ㄷ받침이 생겨 '받다'가 되는 경우처럼 받침이 생김으로써 전혀 뜻이 달라지는 것을 느끼고 배울 수 있도록 구성했습니다.

4. 조금 어려운 소리와 글자를 배워요

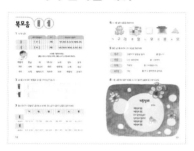

복모음과 겹받침을 배웁니다. 기본 글자가 끝나고 아이들이 어려워하는 복모음과 겹받침을 배울 수 있도록 구성했습니다. 닿소리와 복모음이 만나 어떤 낱말이 만들어지는지 익히도록 했고, 틀린 글자를 바르게 고치며 문장을 완성할 수 있도록 구성했습니다. 같은 소리가 나지만 다른 뜻을 지닌 낱말들을 비교하는 활동을 통해 정확한 글자 습득을 할 수 있도록 했습니다. 이때에는 소리를 듣고 글자를 구분하는 것보다 맥락에 맞춰 글자를 인식하는 데 초점을 맞춰서 해야 합니다.

5. 수를 배워요

수에 대한 이미지나 수에 담을 수 있는 이야기와 함께 수를 익힐 수 있도록 했습니다. 1~9까지의 수를 읽는 것과 세는 것을 익히고, 주변에서 그 수와 관련된 것을 찾아보고, 그 수를 활용하여 꾸미고 이야기를 만드는 활동을 합니다. "하나인 것은 어떤 것이 있을까?", "하나로도 충분한 것은?"과 같은 질문을 하고, 수와 관련된 그림책이나 이야기, 또 생활 주변에서 그 수와 관련된 것 찾기, 주변의 사물로 수 만들기 놀이 등과 결합하면 이야기가 풍부해지면서 수 개념도 확실해집니다.

한 걸음 더

책을 매일 소리 내어 읽어 주세요

문자를 배우는 시기에는 반드시 날마다 책을 소리 내어 읽어 주어야 합니다. 학교에서 읽어 주기도 하지만 가정에서 엄마 아빠나 주변의 어른이 일대일로 읽어 주면 문해력은 한층 좋아집니다. 아이는 그림과 글자를 보면서 들은 내용을 글자와 자연스럽게 연결시키는 활동을 저절로 하게 되기 때문입니다. 읽어 줄 때는 같은 책을 반복해서 읽어 줘도 좋습니다. 이 시기에는 한번 보고 들었다고 바로 이해하기도 어렵습니다. 글자를 인지하는 것은 더더욱 그렇지요. 이 시기에 일대일로 읽어 주면 문해력 향상뿐만 아니라 아이들은 학습 정서 측면에서도 안정감을 느낍니다. 책 읽어 주기는 어떤 공부보다도 가성비가 높다고 할 수 있습니다.

한글 홀소리 닿소리 제대로 배우기

1. 천지인(· ㅡ ㅣ)으로 홀소리를 배워요

글자	글자의 생김	소리 내는 방식과 느낌	느낌을 살린 낱말
ㅏ	ㅣ + · = ㅏ 해가 밖으로 나오는 모양	밖으로 나가는 느낌 밝은 느낌 내뻗는 느낌	아침, 나가다, 아버지
ㅓ	· + ㅣ = ㅓ 해가 안으로 들어가는 모양	안으로 들어오는 느낌 어두운 느낌 안으로 품는 느낌	어둠, 어머니, 들어가다
ㅗ	· + ㅡ = ㅗ 해가 위로 오르는 모양	위로 오르는 느낌 나오는 느낌	오르다, 쏙 나오다, 톡톡
ㅜ	ㅡ + · = ㅜ 해가 아래로 내려가는 모양	아래로 내려가는 느낌 들어가는 느낌	쏙 들어가다, 움츠리다, 꾹 누르다, 숨다
ㅡ	ㅡ 땅 모양	가라앉는 느낌 무거운 느낌	은은하다, 스스륵, 슬금슬금, 으르렁
ㅣ	ㅣ 사람 모양	솟는 느낌 가벼운 느낌	이야!, 일어나, 있다

6

2. 소리 느낌으로 닿소리를 배워요

글자		느낌을 살린 닿소리 그리기	소리 내는 방식과 느낌	느낌을 살린 낱말
어금닛소리	ㄱ		곧게 내려오는 느낌	길, 곧장, 직선, 소낙비, 죽죽, 박박, 벅벅
	ㅋ		위로 커지는 느낌	키, 칼, 코, 크다, 키우다, 큼직큼직, 쿨쿨, 성큼성큼, 쿵쾅쿵쾅
혓소리	ㄴ		가라앉고 나오는 느낌	낮다, 나가다, 날다, 날개, 나타나다, 나오다, 너울너울, 느릿느릿
	ㄷ		어떤 것을 벗어나거나 닫아 두는 느낌	둘레, 둑, 담장, 달리기, 닫다, 담다, 듣다, 덮다, 다독다독, 두근두근
	ㅌ		터져 나가는 느낌	털, 탈, 튀김, 터지다, 튀다, 타다, 툭, 톡톡, 탕탕, 통통
	ㄹ		흔들거리고 구르고 흐르는 느낌	물, 불, 말, 돌, 길, 굴, 놀다, 날다, 흐르다, 떨다, 너울너울, 살랑살랑
입술소리	ㅁ		모아지고 안에 담는 느낌	엄마, 마음, 몸, 머리, 모으다, 뭉치다, 몽글몽글, 뭉게뭉게

글자		느낌을 살린 닿소리 그리기	소리 내는 방식과 느낌	느낌을 살린 낱말
입술소리	ㅂ		밖으로 뻗는 느낌	바람, 불, 별, 볕, 봄, 밝다, 불다, 번지다, 벌리다, 반짝반짝, 보글보글
	ㅍ		피어나고 퍼지는 느낌	파도, 풍선, 파랑, 피다, 펴다, 퍼지다, 펄럭펄럭, 파릇파릇, 팔랑팔랑, 펄펄, 폴폴, 펑펑
잇소리	ㅅ		위로 솟는 느낌	사람, 서다, 솟다, 솟대, 살다, 새벽, 송글송글, 새록새록, 새롭다, 싱싱하다
	ㅈ		가라앉는 느낌, 줄어들고 작아지는 느낌	잠, 자장가, 저녁, 지다, 자다, 졸다, 줄다, 작다, 죽다, 조용하다
	ㅊ		넘치거나 차오르는 느낌	춤, 추위, 차다, 춥다, 치솟다, 출렁출렁, 철썩철썩
목구멍소리	ㅇ		오므리고 작고 귀여운 느낌	아기, 아장아장, 옹알옹알, 옹아리, 옹달샘, 아롱다롱
	ㅎ		어떤 감정이든 툭 튀어나는 느낌	하늘, 해님, 환하다, 하얗다, 훨훨, 하하하, 흑흑흑

차례

1

선을 그려요

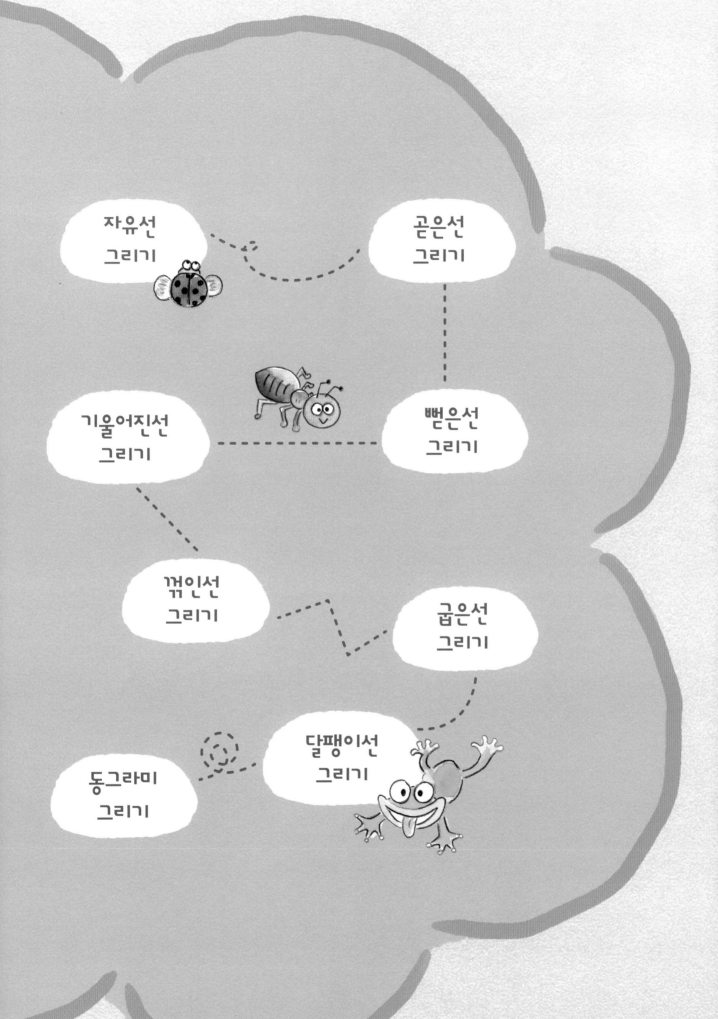

자유선 그리기 ①

나비가 꿀을 찾아가요. 나비는 훨훨 날아 꿀을 갖고 있는 꽃을 찾아갑니다.
천천히 흐린 선을 따라가 보고, 또 다른 색깔의 크레파스로 나비의 꿀 찾기를 해 보세요.

자유선 그리기 ②

개미가 사탕을 찾아가요. 꼬물꼬물 부지런히 가지만 그래도 우리가 볼 땐 아주 느려요.
천천히 흐린 선을 따라가 보고, 또 다른 색깔의 크레파스로 개미의 과자 찾기를 해 보세요.

자유선 그리기 ③

메뚜기가 친구를 찾아가요. 팔짝팔짝 메뚜기의 몸짓을 선으로 그려 보세요.
천천히 흐린 선을 따라 가 보고, 또 다른 색깔의 크레파스로 다른 선을 그려 보세요.

자유선 그리기 ④

개구리가 연꽃을 찾아가요. 폴짝폴짝 개구리의 몸짓을 선으로 그려 보세요.
천천히 흐린 선을 따라 가 보고, 또 다른 색깔의 크레파스로 다른 선을 그려 보세요.

곧은선 그리기 ①

색연필이나 크레파스로 흐린 선을 따라서 천천히 그려 봅니다.
흐린 선이 그려지지 않은 곳은 규칙을 찾아 규칙대로 그립니다.
선을 그릴 때는 선이 끝나는 곳까지 손의 힘을 고르게 주고 그립니다.

곧은선 그리기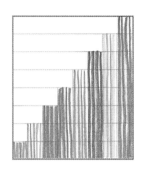

색연필이나 크레파스로 흐린 선을 따라서 천천히 그려 봅니다.

흐린 선이 그려지지 않은 곳은 규칙을 찾아 규칙대로 그립니다.

선을 그릴 때는 선이 끝나는 곳까지 손의 힘을 고르게 주고 그립니다.

뻗은선 그리기 ①

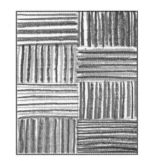

색연필이나 크레파스로 흐린 선을 따라서 천천히 그려 봅니다.
흐린 선이 그려지지 않은 곳은 규칙을 찾아 규칙대로 그립니다.
선을 그릴 때는 선이 끝나는 곳까지 손의 힘을 고르게 주고 그립니다.

뻗은선 그리기 ㄹ

색연필이나 크레파스로 흐린 선을 따라서 천천히 그려 봅니다.

흐린 선이 그려지지 않은 곳은 규칙을 찾아 규칙대로 그립니다.

선을 그릴 때는 선이 끝나는 곳까지 손의 힘을 고르게 주고 그립니다.

기울어진선 그리기 ①

색연필이나 크레파스로 흐린 선을 따라서 천천히 그려 봅니다.
흐린 선이 그려지지 않은 곳은 규칙을 찾아 규칙대로 그립니다.
선을 그릴 때는 선이 끝나는 곳까지 손의 힘을 고르게 주고 그립니다.

기울어진선 그리기 ②

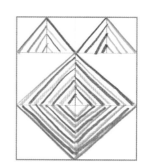

색연필이나 크레파스로 흐린 선을 따라서 천천히 그려 봅니다.

흐린 선이 그려지지 않은 곳은 규칙을 찾아 규칙대로 그립니다.

선을 그릴 때는 선이 끝나는 곳까지 손의 힘을 고르게 주고 그립니다.

꺾인선 그리기 ①

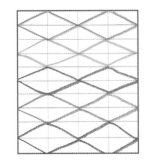

색연필이나 크레파스로 흐린 선을 따라서 천천히 그려 봅니다.

흐린 선이 그려지지 않은 곳은 규칙을 찾아 규칙대로 그립니다.

선을 그릴 때는 선이 끝나는 곳까지 손의 힘을 고르게 주고 그립니다.

꺾인선 그리기 ②

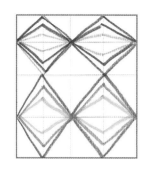

색연필이나 크레파스로 흐린 선을 따라서 천천히 그려 봅니다.
흐린 선이 그려지지 않은 곳은 규칙을 찾아 규칙대로 그립니다.
선을 그릴 때는 선이 끝나는 곳까지 손의 힘을 고르게 주고 그립니다.

굽은선 그리기 ①

색연필이나 크레파스로 흐린 선을 따라서 천천히 그려 봅니다.
흐린 선이 그려지지 않은 곳은 규칙을 찾아 규칙대로 그립니다.
선을 그릴 때는 선이 끝나는 곳까지 손의 힘을 고르게 주고 그립니다.

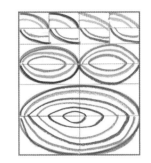

굽은선 그리기 ②

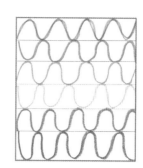

색연필이나 크레파스로 흐린 선을 따라서 천천히 그려 봅니다.
흐린 선이 그려지지 않은 곳은 규칙을 찾아 규칙대로 그립니다.
선을 그릴 때는 선이 끝나는 곳까지 손의 힘을 고르게 주고 그립니다.

달팽이선 그리기

색연필이나 크레파스로 흐린 선을 따라서 천천히 그려 봅니다.
흐린 선이 그려지지 않은 곳은 규칙을 찾아 규칙대로 그립니다.
선을 그릴 때는 선이 끝나는 곳까지 손의 힘을 고르게 주고 그립니다.

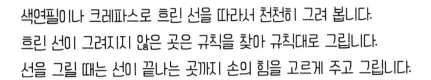

동그라미 그리기

색연필이나 크레파스로 흐린 선을 따라서 천천히 그려 봅니다.
여러 색깔의 크레파스로 다른 크기의 동그라미를 가득 그려 봅니다.

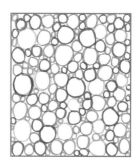

2

홀소리를 배워요

홀소리
ㅏ ㅓ

홀소리
ㅑ ㅕ

홀소리
ㅗ ㅜ

홀소리
ㅛ ㅠ

홀소리
ㅡ ㅣ

홀소리 ㅏ ㅓ

1 소리와 글자

	어떻게 만들었을까?	소리	소리 느낌
ㅏ	ㅣ + • = ㅏ (해님이 밖으로 나와요)	[아]	낮의 소리 밝은 느낌 밖으로 나오는 느낌
ㅓ	• + ㅣ = ㅓ (해님이 안으로 숨었어요)	[어]	밤의 소리 어두운 느낌 안으로 들어가는 느낌

소리를 구별해 보세요.
[아] 소리가 나면 동그라미, [어] 소리가 나면 세모 하세요.

한 음절에서 구별하기	아	오	어	어	아	이
낱말에서 구별하기	어른	아기	아침	어부	어둠	아들

2 글자를 써 보세요. 색연필로 순서를 지켜 정성껏 씁니다.

[아]라고 읽습니다.

ㅏ					
ㅏ					

[어]라고 읽습니다.

ㅓ					
ㅓ					

3 글자를 완성하세요.

ㅇ 부

ㅇ 침

ㅇ 머 니

ㅇ 기

ㅇ 버 지

4 받침과 만났어요. 따라 읽어 보고 흐린 선을 따라 써 보세요.
만든 글자가 들어간 낱말도 말해 보세요.

| 아 / ㄱ | 악 | 아 / ㄴ | 안 | 아 / ㄹ | 알 | 아 / ㅂ | 압 |

🔊 악어, 악당   🔊 안경, 안개   🔊 알맹이, 알까기   🔊 혈압, 압력

| 어 / ㄱ | 억 | 어 / ㄴ | 언 | 어 / ㄹ | 얼 | 어 / ㅂ | 업 |

🔊 기억, 추억   🔊 언니, 언덕   🔊 얼굴, 얼음   🔊 수업, 업다

5 〈보기〉에 있는 글자를 골라 낱말을 완성하세요.

〈보기〉

엉 악 안

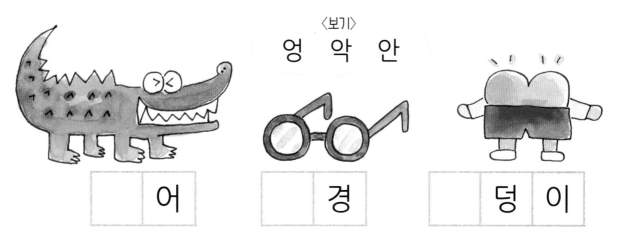

　 어

　 경

　 덩 이

31

6 다음 시를 따라 읽어 보세요.

아로 시작되는 말

아침이면 회사 가는 아빠
아빠와 떨어지기 싫어서
앙앙 우는 아가
우는 아가 달래러
아이스크림 들고
쌩~ 하니 달려오는
아이언맨.

어 나라에는 누가 사나요?

물고기 잡는 어부
물고기 키우는 어항
해를 꼭 안고 재우는 어둠
나를 안아 주는 어머니
사랑을 먹고 자라는 어린이가 살아요.

어 나라에는 또 누가 사나요?
상어, 고등어, 문어, 잉어, 인어 같은
어를 꼬리에 달고 있는
물속 친구들이 산대요.

홀소리 ㅑ ㅕ

1 소리와 글자

	어떻게 만들었을까?	소리	소리 느낌
ㅑ	ㅏ + • = ㅑ	[야]	낮의 소리 밝은 느낌
ㅕ	• + ㅓ = ㅕ	[여]	밤의 소리 어두운 느낌

소리를 구별해 보세요.
[야] 소리가 나면 동그라미, [여] 소리가 나면 세모 하세요.

한 음절에서 구별하기	아	야	여	야	어	여
낱말에서 구별하기	여름	야구	야호	여우	야옹	여왕

2 글자를 써 보세요. 색연필로 순서를 지켜 정성껏 씁니다.

[야]라고 읽습니다.

[여]라고 읽습니다.

3 글자를 완성하세요.

| ㅇ | 름 |

| ㅇ | 구 |

| ㅇ | 옹 |

| ㅇ | 우 |

4 받침과 만났어요. 따라 읽어 보고 흐린 선을 따라 써 보세요.
만든 글자가 들어간 낱말도 말해 보세요.

| 야 ㄱ | 약 | 야 ㄴ | 얀 | 야 ㅁ | 얌 | 야 ㅇ | 양 |

🔊 약국, 약속　　🔊 하얀, 고얀　　🔊 얌체, 얌전하다　　🔊 양말, 양념

| 여 ㄱ | 역 | 여 ㄴ | 연 | 여 ㅁ | 염 | 여 ㅇ | 영 |

🔊 역도, 역사　　🔊 연필, 연기　　🔊 수염, 염소　　🔊 영감, 수영

5 〈보기〉에 있는 글자를 골라 낱말을 완성하세요.

〈보기〉
약　연　양　염

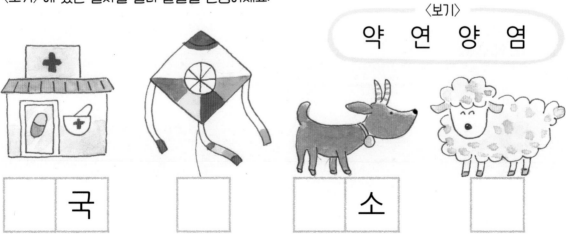

| | 국 |

| | |

| | 소 |

| | |

34

6 다음 시를 따라 읽어 보세요.

야, 야, 모두 나와라

전래 동요

야, 야, 모두 나와라
어른은 필요 없다
애들 나와라.
야, 야, 모두 나와라
여자는 필요 없다
남자 나와라.
야, 야, 모두 나와라
남자는 필요 없다
여자 나와라.

여우야 여우야

전래 동요

여우야 여우야, 뭐 하니?
잠 잔다.
잠꾸러기!
여우야 여우야, 뭐 하니?
세수한다.
멋쟁이!
여우야 여우야, 뭐 하니?
밥 먹는다.
무슨 반찬?
개구리 반찬.
죽었니?
살았니?
살았다!!!

홀소리 ㅗㅜ

1 소리와 글자

	어떻게 만들었을까?	소리	소리 느낌
ㅗ	• + ㅡ = ㅗ (해님이 땅 위로 올라와요)	[오]	밝은 느낌 위로 오르는 느낌 나오는 느낌
ㅜ	ㅡ + • = ㅜ (해님이 땅 아래로 내려가요)	[우]	어두운 느낌 아래로 내려가는 느낌 들어가는 느낌

소리를 구별해 보세요.
[오] 소리가 나면 동그라미, [우] 소리가 나면 세모 하세요.

한 음절에서 구별하기	오	아	우	으	오
낱말에서 구별하기	오이	우리	오리	오늘	우유

2 글자를 써 보세요. 색연필로 순서를 지켜 정성껏 씁니다.

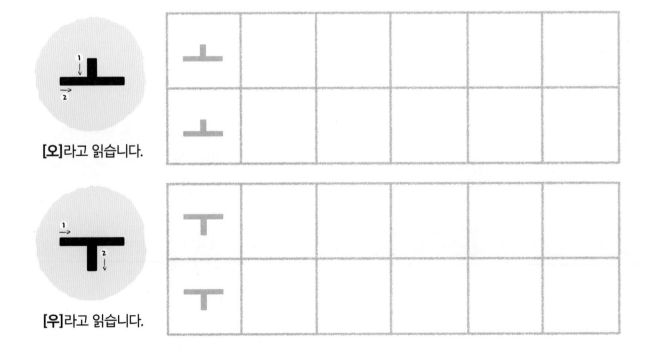

[오]라고 읽습니다.

[우]라고 읽습니다.

3 글자를 완성하세요.

ㅇ 주 선

ㅇ 리

ㅇ 유

4 받침과 만났어요. 따라 읽어 보고 흐린 선을 따라 써 보세요.
만든 글자가 들어간 낱말도 말해 보세요.

오
ㄱ
옥
🔊 옥상, 옥수수

오
ㄴ
온
🔊 온도, 온돌

오
ㄹ
올
🔊 올챙이, 올림픽

오
ㅅ
옷
🔊 옷장, 옷걸이

우
ㄱ
욱
🔊 아욱, 욱신욱신

우
ㄴ
운
🔊 운동장, 기운

우
ㄹ
울
🔊 거울, 울음

우
ㅅ
웃
🔊 웃음, 기웃기웃

5 〈보기〉에 있는 글자를 골라 낱말을 완성하세요.

〈보기〉

옥 웃 울 운

음

음

수 수

동 화

37

6 다음 시를 따라 읽어 보세요.

올라오는 ㅗ

ㅗ는
땅속에서 작은 새싹이 올라오듯
작은 금이 위로 올라와요.
그래서
ㅗ는
쏘옥 올라오는 싹을 닮았어요.

오! 하면
소리도 쏘옥 올라와요.
오오오오오
소리가 더 높이 올라와요.

내 기분이 올라올 때도
오!
소리가 튀어 올라요.

내려가는 ㅜ

ㅜ는
땅속으로 뿌리가 내려가듯
작은 금이 아래로 내려가요.
그래서
ㅜ는
땅속으로 내려가는 뿌리를 닮았어요.

우! 하면
소리도 쑤욱 내려가요.
우우우우우
소리는 더 깊이 내려가요.

내 기분이 내려갈 때도
우휴!
한숨이 절로 나와요.

38

홀소리 ㅛ ㅠ

1 소리와 글자

	어떻게 만들었을까?	소리	소리 느낌
ㅛ	· + ㅗ = ㅛ	[요]	낮의 소리 밝은 느낌
ㅠ	ㅜ + · = ㅠ	[유]	밤의 소리 어두운 느낌

소리를 구별해 보세요.
[요] 소리가 나면 동그라미, [유] 소리가 나면 세모 하세요.

한 음절에서 구별하기	요	오	유	야	우	유
낱말에서 구별하기	요리	요요	유리창	유치원	요정	요술

2 글자를 써 보세요. 색연필로 순서를 지켜 정성껏 씁니다.

[요]라고 읽습니다.

ㅛ					
ㅛ					

[유]라고 읽습니다.

ㅠ					
ㅠ					

3 글자를 완성하세요.

ㅇ 리 사

ㅇ ㅇ

우 ㅇ

ㅇ 니 콘

4 받침과 만났어요. 따라 읽어 보고 흐린 선을 따라 써 보세요.
만든 글자가 들어간 낱말도 말해 보세요.

요
ㄱ 　욕

요
ㄴ 　욘

요
ㄹ 　욜

요
ㅇ 　용

🔊 욕심, 목욕

🔊 용기, 용서

유
ㄱ 　육

유
ㄴ 　윤

유
ㄹ 　율

유
ㅇ 　융

🔊 체육, 육개장

🔊 윤기, 윤리

🔊 율동, 율무

🔊 융통

5 〈보기〉에 있는 글자를 골라 낱말을 완성하세요.

〈보기〉
욕 용 윷 율

목 　

　

　 동

40

6 다음 시를 따라 읽어 보세요.

누구세요?

여보세요?
누구세요?
봄이에요?
아니요.
여름이에요.
벌써요?

유령들의 마술

유령들이 유리구슬 마술을 한대요.
공중에 떠 있는 유리병에
유리구슬을 넣고
또르르 또르르 굴리는데
유치원생이 유치하다고
콧방귀를 뀌며 가 버렸대요.

41

홀소리 ㅡ ㅣ

1 소리와 글자

	어떻게 만들었을까?	소리	소리 느낌
ㅡ	ㅡ (땅 모양)	[으]	가라앉은 느낌 무거운 느낌
ㅣ	ㅣ (사람 모양)	[이]	가벼운 느낌 솟는 느낌

소리를 구별해 보세요.
[으] 소리가 나면 동그라미, [이] 소리가 나면 세모 하세요.

한 음절에서 구별하기	아	이	우	으	이	어
낱말에서 구별하기	이름	으름장	으악	이사	으스스	이빨

2 글자를 써 보세요. 색연필로 순서를 지켜 정성껏 씁니다.

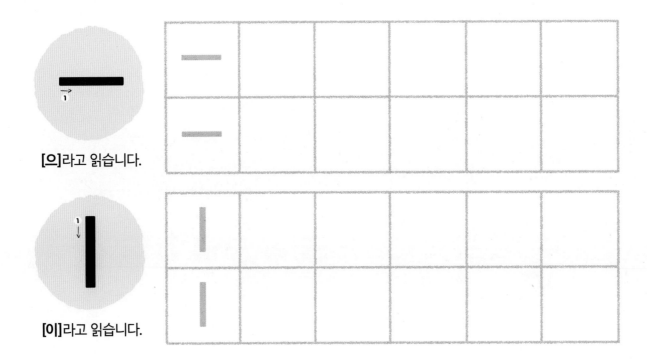

[으]라고 읽습니다.

[이]라고 읽습니다.

42

3 글자를 완성하세요.

ㅇ 뜸

ㅇ 사

ㅇ 불

ㅇ 빨

4 받침과 만났어요. 따라 읽어 보고 흐린 선을 따라 써 보세요.
만든 글자가 들어간 낱말도 말해 보세요.

| 으 ㄱ | 윽 | 으 ㄴ | 은 | 으 ㄹ | 을 | 으 ㅁ | 음 |

🔊 그윽, 윽박   🔊 은혜, 은인   🔊 가을, 마을   🔊 마음, 음악

| 이 ㄱ | 익 | 이 ㄴ | 인 | 이 ㄹ | 일 | 이 ㅁ | 임 |

🔊 이익, 익다   🔊 인사, 인기   🔊 일요일, 일기   🔊 담임, 임금님

5 〈보기〉에 있는 글자를 골라 낱말을 완성하세요.

〈보기〉

응 음 인 입

잘한다!   우리 편

□ 원   표 □   □ 어   □

43

ㅡ는 느린 것들의 자리

지렁이가
느릿느릿 지나간 자리
ㅡ ㅡ ㅡ ㅡ ㅡ

달팽이가
느릿느릿 지나간 자리
ㅡ ㅡ ㅡ ㅡ ㅡ

나무 그림자가
느릿느릿 지나간 자리
ㅡ ㅡ ㅡ ㅡ ㅡ

ㅡ는
느린 것들이 지나간 자리

이구아나 이 뽑기

이구아나, 이구아나
어디 가니?
이빨이 아파서 치과에 가요.
여우 선생님이
이구아나를 의자에 앉혀요.
이~~~ 하세요.
이~~~~
아~~~ 하세요.
아~~~~
이빨 사이에 이끼가 끼었군요.
이슬방울 모아서
양치를 잘 하세요.
이구아나 신나서
이야!!!

44

재미있는 미로 찾기

다람쥐가 도토리를 먹을 수 있도록 길을 찾아 주세요.

3
닿소리를
배워요

어금닛소리 ㄱ

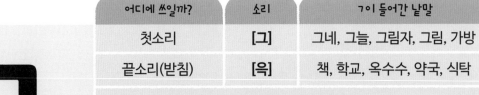

어디에 쓰일까?	소리	ㄱ이 들어간 낱말
첫소리	[그]	그네, 그늘, 그림자, 그림, 가방
끝소리(받침)	[윽]	책, 학교, 옥수수, 약국, 식탁

ㄱ

[기역]이라고 읽습니다.

ㄱ을 점점 크게 씁니다. 왼쪽 아래에서 시작합니다.
크레파스를 멈추지 않고 한번에 ㄱ을 씁니다.
여러 가지 색깔의 크레파스로 해 봅니다.

 첫소리 ㄱ [그] 소리가 납니다.

1 소리와 글자

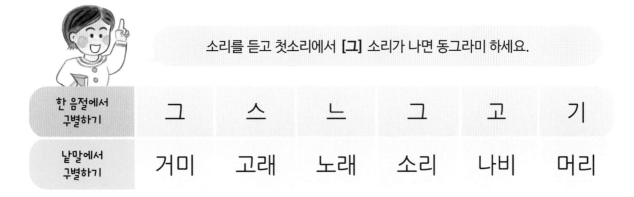

소리를 듣고 첫소리에서 [그] 소리가 나면 동그라미 하세요.

한 음절에서 구별하기	그	스	느	그	고	기
낱말에서 구별하기	거미	고래	노래	소리	나비	머리

2 글자를 써 보세요. 색연필로 순서를 지켜 정성껏 씁니다.

[기역]이라고
읽습니다.
순서에 맞게
씁니다.

3 ㄱ이 홀소리와 만나면 어떤 글자가 만들어질까요?
바르게 쓰고 소리 내어 읽어 보세요. 만든 글자가 들어간 낱말도 말해 보세요.

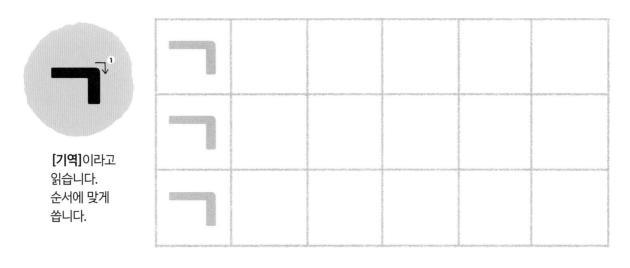

ㅏ	ㅓ	ㅗ	ㅜ	ㅣ
ㄱ				

🔊 낱말 말하기   가방, 가지   거미, 거북이   고개, 고리   구멍, 구급차   기차, 기린

4 낱말을 읽고 첫소리에 ㄱ이 들어가는 낱말을 찾아 색칠하세요.

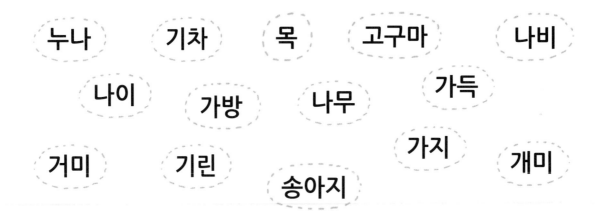

누나   기차   목   고구마   나비

나이   가방   나무   가득

거미   기린   가지   개미

송아지

5 그림을 보고 〈보기〉에서 알맞은 낱말을 찾아 쓰세요.

〈보기〉

거 개 강 가 고

□ 미   북 이

□ 방   □ 래   아 지

6 닿소리만 나와 있는 낱말입니다. 홀소리와 받침을 만나 어떤 글자가 만들어질까요?
뜻에 맞게 홀소리와 받침을 써 보세요.

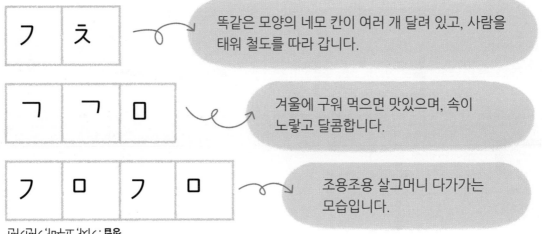

| ㄱ | ㅊ |

똑같은 모양의 네모 칸이 여러 개 달려 있고, 사람을 태워 철도를 따라 갑니다.

| ㄱ | ㄱ | ㅁ |

겨울에 구워 먹으면 맛있으며, 속이 노랗고 달콤합니다.

| ㄱ | ㅁ | ㄱ | ㅁ |

조용조용 살그머니 다가가는 모습입니다.

정답 : 기차, 고구마, 가만가만

50

ㄱ 받침   받침에서 [윽] 소리가 납니다.

7 받침 ㄱ 소리를 구별해요.

소리를 듣고 **ㄱ받침**이 있으면서 [윽] 소리가 나면 동그라미 하세요.

한 음절에서 구별하기	악	억	알	안	역	옥
낱말에서 구별하기	학교	욕심	용기	일기	걱정	책

8 가로줄에 있는 글자와 받침 ㄱ이 만나면 어떤 글자가 만들어질까요?
바르게 쓰고 소리 내어 읽어 보세요. 만든 글자가 들어간 낱말도 말해 보세요.

	나	바	마	수	구
ㄱ					

낱말 말하기   낙서, 낙지   수박, 박수   막대, 막다   숙제, 숙녀   국수, 국어

9 글자 받침에 ㄱ을 붙였다 뗐다 할 때마다 소리와 뜻이 달라져요.
함께 소리 내어 읽어 보세요.

받침이 없어요	아기	야구	여기	이다	벼	바다
받침이 생겼어요	악기	약국	역기	익다	벽	박다

10 낱말을 읽고 글자 받침에 ㄱ이 들어가는 낱말을 찾아 색칠하세요.

악어   낙지   책   목소리   약국

식탁   옥수수   일기   손수건   냉장고

할미꽃   연어   송아지   병아리

고양이   수박

11 그림을 보고 〈보기〉에서 알맞은 ㄱ받침 낱말을 골라 문장을 완성하세요.

〈보기〉
먹어요   박아요

우리는 급식을 맛있게   .   아빠가 망치로 못을   .

12 그림을 보고 아래 〈보기〉에서 낱말을 골라 문장을 만들어 보세요.

ㄱ마을역

ㄱ 손님만 타세요

보기 기차 기린 개구리 고양이 고슴도치 곰 거미

칙칙폭폭, 칙칙폭폭

기다란 ⬚⬚⬚ 가 ㄱ마을역에 도착했어요.

ㄱ을 가진 손님만 타세요.

껑충껑충 긴 다리 ⬚⬚⬚ 이 제일 먼저 탑니다.

폴짝폴짝 ⬚⬚⬚ 도 폴짝 뛰어 탑니다.

야옹야옹 ⬚⬚⬚ ,

뾰족뾰족 가시 돋친 ⬚⬚⬚ ,

곰실곰실 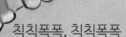 , 슬금슬금 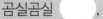 도 탔어요.

칙칙폭폭, 칙칙폭폭

기차가 다음 역인 ㄴ마을역으로 출발합니다.

앗, 그런데 저기 달려오는

고릴라, 강아지, 기러기, 거북이…….

뭐라고요?

고래도 지금 헤엄쳐 오고 있다고요?

13 윗글에서 첫소리나 받침에 ㄱ이 들어간 글자에 동그라미 하세요.
여러 번 소리 내어 읽어 보세요.

어금닛소리 ㄲ

어디에 쓰일까?	소리	ㄲ이 들어간 낱말
첫소리	[ㄲ]	꼬마, 꼬부랑, 꽃, 까치, 까마귀
끝소리(받침)	[윽]	꺾다, 묶다, 닦다, 볶다

첫소리 ㄲ [ㄲ] 소리가 납니다.

1 첫소리 ㄲ을 구별해요.

소리를 듣고 첫소리에서 [ㄲ] 소리가 나면 동그라미 하세요.

한 음절에서 구별하기	까	가	빠	꼬	꾸	기
낱말에서 구별하기	거미	꼬마	키다리	까마귀	꼬부랑	꿀벌

2 글자를 써 보세요. 색연필로 순서를 지켜 정성껏 씁니다.

ㄲ					

[쌍기역]이라고 읽습니다. ㄱ을 두 번 씁니다.

3 ㄲ이 홀소리와 만나면 어떤 글자가 만들어질까요?
바르게 쓰고 소리 내어 읽어 보세요. 만든 글자가 들어간 낱말도 말해 보세요.

	ㅏ	ㅓ	ㅗ	ㅜ	ㅣ
ㄲ					

🗨 낱말 말하기   까치, 까다   두꺼비, 꺼지다   꼬리, 꼬마   꾸러기, 꾸미기   끼다, 끼어들다

4 낱말을 읽고 첫소리에 ㄲ이 들어가는 낱말을 찾아 색칠하세요.

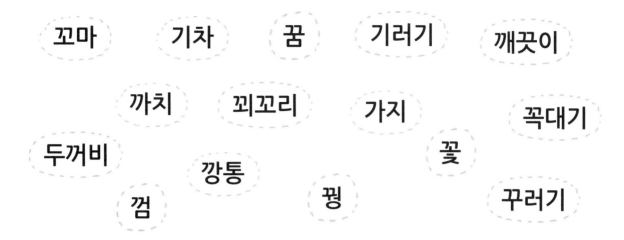

꼬마 기차 꿈 기러기 깨끗이

까치 꾀꼬리 가지 꼭대기

두꺼비 깡통 꽃 꽁대기

껌 꿩 꾸러기

5 그림을 보고 〈보기〉에서 알맞은 낱말을 찾아 쓰세요.

〈보기〉
까 꽃 까 꽃

		치

		마	귀

		게

		병

3 닿소리만 나와 있는 낱말입니다. 홀소리와 받침을 만나 어떤 글자가 만들어질까요?
뜻에 맞게 홀소리와 받침을 써 보세요.

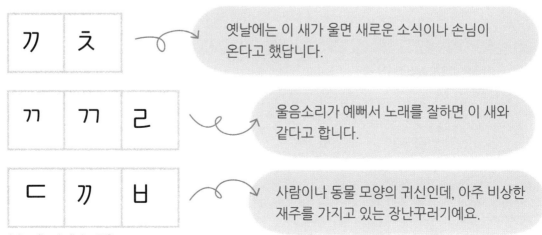

| ㄲ | ㅊ | → | 옛날에는 이 새가 울면 새로운 소식이나 손님이 온다고 했답니다. |

| ㄲ | ㄲ | ㄹ | → | 울음소리가 예뻐서 노래를 잘하면 이 새와 같다고 합니다. |

| ㄷ | ㄲ | ㅂ | → | 사람이나 동물 모양의 귀신인데, 아주 비상한 재주를 가지고 있는 장난꾸러기예요. |

정답: 까치, 꾀꼬리, 도깨비

55

ㄲ 받침 받침에서 **[윽]** 소리가 납니다.

7 받침 ㄲ 소리를 구별해요.

 소리를 듣고 **ㄲ받침**이 있으면서 **[윽]** 소리가 나면 동그라미 하세요.

한 음절에서 구별하기	낚	날	당	닭	봉	볶
낱말에서 구별하기	닦다	볶다	담다	묶다	꺾다	낚시

8 가로줄에 있는 글자와 받침 ㄲ이 만나면 어떤 글자가 만들어질까요?
바르게 쓰고 소리 내어 읽어 보세요. 만든 글자가 들어간 낱말도 말해 보세요.

	다	나	무	보	서
ㄲ					

🔊 **낱말 말하기**   닦다   낚다, 낚시   묶다, 묶음   볶다, 볶음밥   섞다

9 글자 받침에 ㄲ을 붙였다 뗐다 할 때마다 소리와 뜻이 달라져요.
함께 소리 내어 읽어 보세요.

받침이 없어요	무기	여기	나다	서다	보다
받침이 생겼어요	묶기	엮기	낚다	섞다	볶다

10 낱말을 읽고 글자 받침에 ㄲ이 들어가는 낱말을 찾아 색칠하세요.

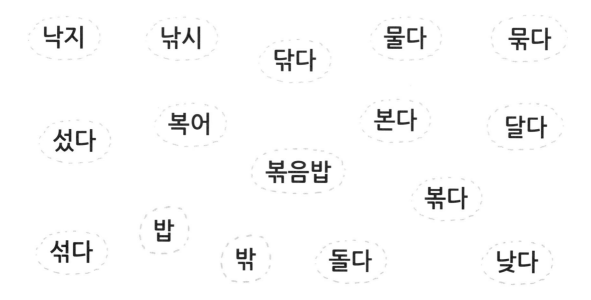

낙지　　낚시　　　　　물다　　　묶다

닦다

섰다　　복어　　　본다　　　달다

볶음밥

볶다

섞다　　밥　　　밖　　돌다　　　낮다

11 그림을 보고 〈보기〉에서 알맞은 ㄲ받침 낱말을 골라 문장을 완성하세요.

〈보기〉

닦아요　　묶어요

엎질러진 물을　　　　　　　　　　．　　　엄마가 내 머리를　　　　　　　　　．

12 그림을 보고 아래 〈보기〉의 낱말을 넣어 문장을 만들어 보세요.

꼬리

보기   꼬리

꼬리, 꼬리, 꼬꼬리
누구 꼬리일까?
아하, 돼지   였구나.

꼬리, 꼬리, 꼬꼬리
누구 꼬리일까?
아하, 생쥐   였구나.

꼬리, 꼬리, 꼬꼬리
누구 꼬리일까?
아하, 고양이   였구나.

묻지 않아도
이건 강아지   .
하하하, 그건 강아지풀!

13 윗글에서 첫소리나 받침에 ㄲ이 들어간 글자에 동그라미 하세요.
여러 번 소리 내어 읽어 보세요.

어금닛소리 ㅋ

ㅋ

[키윽]이라고 읽습니다.

어디에 쓰일까?	소리	ㅋ이 들어간 낱말
첫소리	[크]	코, 키, 코끼리, 카드, 크레파스
끝소리(받침)	[윽]	부엌, 새벽녘, 해질녘, 동녘

ㅋ을 점점 크게 씁니다.
왼쪽 아래에서 시작하여 오른쪽 위로 써 나갑니다.
여러 가지 색깔의 크레파스로 해 봅니다.

 첫소리 **ㅋ** [크] 소리가 납니다.

1 첫소리 ㅋ을 구별해요.

소리를 듣고 첫소리에서 **[크]** 소리가 나면 동그라미 하세요.

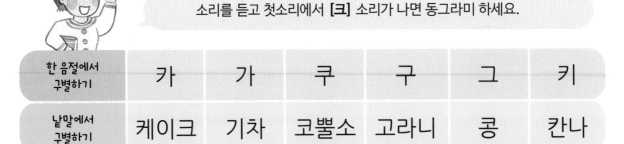

한 음절에서 구별하기	카	가	쿠	구	그	키
낱말에서 구별하기	케이크	기차	코뿔소	고라니	콩	칸나

2 글자를 써 보세요. 색연필로 순서를 지켜 정성껏 씁니다.

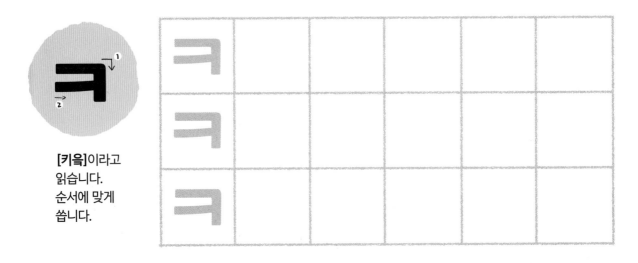

[키읔]이라고
읽습니다.
순서에 맞게
씁니다.

3 ㅋ이 홀소리와 만나면 어떤 글자가 만들어질까요?
바르게 쓰고 소리 내어 읽어 보세요. 만든 글자가 들어간 낱말도 말해 보세요.

	ㅏ	ㅓ	ㅗ	ㅡ	ㅣ
ㅋ					

🔊 **낱말 말하기** 카드, 카메라   커피, 커튼   코, 코뿔소   크기, 스컹크   키위, 키다리

60

4 낱말을 읽고 첫소리에 ㅋ이 들어가는 낱말을 찾아 색칠하세요.

퀴즈　　목　　코뿔소　　참새　　콩

코스모스　　카메라　　고라니　　키다리　　카드

코알라

키위　　　크레파스

코끼리　　가위　　지붕　　컵

5 그림을 보고 〈보기〉에서 알맞은 낱말을 찾아 쓰세요.

〈보기〉

키　카　코　콩

	위			뿔	소		네	이	션		

6 닿소리만 나와 있는 낱말입니다. 홀소리와 받침을 만나 어떤 글자가 만들어질까요?
뜻에 맞게 홀소리와 받침을 써 보세요.

ㅋ	ㅍ	ㅌ

우리 친구들이 아주 좋아하는 물건이지요.
게임도 하고 인터넷도 하는 기계입니다.

ㅋ	ㄷ	ㄹ

키가 큰 사람을 이렇게 불러요.

ㅋ	ㄹ	ㅋ	ㄹ

감기 걸렸을 때 나는 기침 소리예요.

받침 받침에서 [윽] 소리가 납니다.

7 받침 ㅋ 소리를 구별해요.

소리를 듣고 ㅋ받침이 있으면서 [윽] 소리가 나면 동그라미 하세요.

한 음절에서 구별하기	억	언	윽	을	녘	념
낱말에서 구별하기	부엌	기념	키읔	서녘	동녘	동물

8 가로줄에 있는 글자와 받침 ㅋ이 만나면 어떤 글자가 만들어질까요?
바르게 쓰고 소리 내어 읽어 보세요. 만든 글자가 들어간 낱말도 말해 보세요.

	녀	어	으
ㅋ			

🔊 **낱말 말하기**   새벽녘, 해질녘   부엌   키읔

9 낱말을 읽고 글자 받침에 ㅋ이 들어가는 낱말을 찾아 색칠하세요.

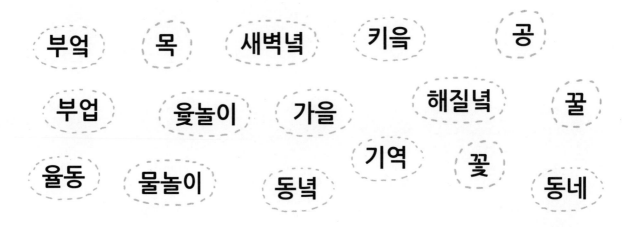

부엌   목   새벽녘   키읔   공

부업   윷놀이   가을   해질녘   꿀

율동   물놀이   동녘   기역   꽃   동네

10 그림을 보고 아래 〈보기〉의 낱말을 넣어 문장을 만들어 보세요.

코뿔소 안경

보기   코뿔소

쿵쿵 쿵쿵
무슨 냄새지?
안경 잃은
향긋한 아카시아 꽃향기 따라
쿵쿵 쿵쿵.

쿵쿵쿵쿵
무슨 소리지?
안경 잃은
다다다다 두더지 굴 파는 소리 따라
쿵쿵쿵쿵.

11 윗글에서 첫소리나 받침에 ㅋ이 들어간 글자에 동그라미 하세요.
여러 번 소리 내어 읽어 보세요.

어금닛소리 말놀이

잘했나요?

ㄱ ㄲ ㅋ

〈보기〉에 있는 낱말을 찾아 동그라미 하세요.

고	래	카	구	름	간	가	자	미	까	꼬	마
구	슬	메	두	구	그	지	그	기	구	리	기
마	거	라	키	고	양	이	네	곰	꾸	꽁	지
구	기	린	위	꿀	벌	꾸	강	아	지	걸	감
꿈	차	구	거	미	군	공	놀	이	갈	경	찰
문	칸	나	북	꺼	감	기	끼	까	마	귀	칼
고	개	기	이	카	레	까	구	치	코	끼	리

〈 보기 〉

고래, 구슬, 구름, 카메라, 키위, 코끼리, 칼, 칸나, 카레, 가지, 꼬리, 꼬마, 고구마, 기차, 기린, 거미, 거북이, 고양이, 꿀벌, 감기, 강아지, 공놀이, 까치, 까마귀, 꿈, 경찰, 그네

재미있는 미로 찾기

네 마리 거북이 중 왕관을 차지할 거북이를 찾아보세요.

혓소리

ㄴ

[니은]이라고 읽습니다.

어디에 쓰일까?	소리	ㄴ이 들어간 낱말
첫소리	[느]	나, 너, 나무, 나비, 누나, 노래
끝소리(받침)	[은]	눈, 안경, 산, 운동화, 만화

ㄴ을 점점 크게 씁니다. 오른쪽 위에서 시작합니다.
크레파스를 멈추지 않고 한번에 ㄴ을 씁니다.
여러 가지 색깔의 크레파스로 해 봅니다.

첫소리 ㄴ [느] 소리가 납니다.

1 첫소리 ㄴ을 구별해요.

소리를 듣고 첫소리에서 [느] 소리가 나면 동그라미 하세요.

| 한 음절에서 구별하기 | 너 | 나 | 느 | 므 | 사 | 니 |

| 낱말에서 구별하기 | 나이 | 나비 | 가지 | 노래 | 고래 | 누나 |

2 글자를 써 보세요. 색연필로 순서를 지켜 정성껏 씁니다.

[니은]이라고
읽습니다.
순서에 맞게
씁니다.

3 ㄴ이 홀소리와 만나면 어떤 글자가 만들어질까요?
바르게 쓰고 소리 내어 읽어 보세요. 만든 글자가 들어간 낱말도 말해 보세요.

| ㅏ | ㅓ | ㅗ | ㅜ | ㅣ |

ㄴ

낱말 말하기   나비, 나이   너, 너구리   노래, 노루   누룽지, 누나   니은, 어금니

67

4 낱말을 읽고 첫소리에 ㄴ이 들어가는 낱말을 찾아 색칠하세요.

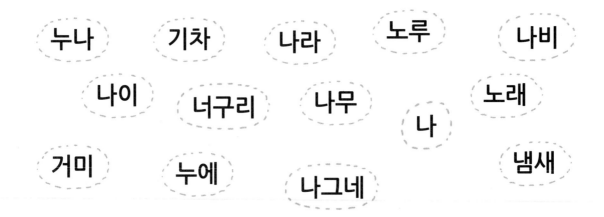

누나　기차　나라　노루　나비

나이　너구리　나무　나　노래

거미　누에　나그네　냄새

5 그림을 보고 〈보기〉에서 알맞은 낱말을 찾아 쓰세요.

〈보기〉

나　나　노　노

| | 비 | | 래 | | 루 | | 무 |

6 닿소리만 나와 있는 낱말입니다. 홀소리와 받침을 만나 어떤 글자가 만들어질까요?
뜻에 맞게 홀소리와 받침을 써 보세요.

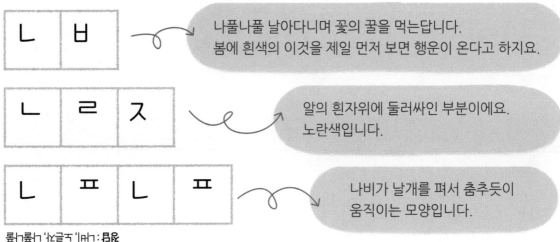

| ㄴ | ㅂ |

나풀나풀 날아다니며 꽃의 꿀을 먹는답니다.
봄에 흰색의 이것을 제일 먼저 보면 행운이 온다고 하지요.

| ㄴ | ㄹ | ㅈ |

알의 흰자위에 둘러싸인 부분이에요.
노란색입니다.

| ㄴ | ㅍ | ㄴ | ㅍ |

나비가 날개를 펴서 춤추듯이
움직이는 모양입니다.

정답: 나비, 노른자, 나풀나풀

68

ㄴ 받침 받침에서 [은] 소리가 납니다.

7 받침 ㄴ 소리를 구별해요.

소리를 듣고 **ㄴ받침**이 있으면서 [은] 소리가 나면 동그라미 하세요.

한 음절에서 구별하기	안	언	각	간	손	솔
낱말에서 구별하기	안개	인사	엄마	언니	얼음	손님

8 가로줄에 있는 글자와 받침 ㄴ이 만나면 어떤 글자가 만들어질까요?
바르게 쓰고 소리 내어 읽어 보세요. 만든 글자가 들어간 낱말도 말해 보세요.

	가	소	서	바	누
ㄴ					

🔊 **낱말 말하기** 시간, 간장   손, 손수레   선물, 선생님   반지, 반창고   눈, 눈물

9 글자 받침에 ㄴ을 붙였다 뗐다 할 때마다 소리와 뜻이 달라져요.
함께 소리 내어 읽어 보세요.

받침이 없어요	아내	여기	이사	바지	우동	소
받침이 생겼어요	안내	연기	인사	반지	운동	손

10 낱말을 읽고 글자 받침에 ㄴ이 들어가는 낱말을 찾아 색칠하세요.

안개　　안경　　　　　運動장 (운동장)

목소리　　　반지

책

만두　　신호등

인사　　건널목

눈물　　원숭이

연어　　선물　　발가락

11 그림을 보고 〈보기〉에서 알맞은 ㄴ받침 낱말을 골라 문장을 완성하세요.

〈보기〉
연극　운동장

우리는 학예회 때 　　　　　을　　　　　　　　　에

　　　하기로 했어요.　　　　　　축구공만 덩그러니 남았어요.

12 그림을 보고 아래 〈보기〉에서 낱말을 골라 문장을 만들어 보세요.

누구냐 누구?

보기   나비 나뭇잎 나팔꽃 노루

누구냐 누구?
나풀나풀 날아가는   예요.

누구냐 누구?
너울너울 춤추는   이에요.

누구냐 누구?
나무 감고 올라가는   이에요.

누구냐 누구?
나른나른 졸고 있는   예요.

누구냐 누구?
나는 나
1학년   이에요.

13 윗글에서 첫소리나 받침에 ㄴ이 들어간 글자에 동그라미 하세요.
여러 번 소리 내어 읽어 보세요.

71

혓소리

어디에 쓰일까?	소리	ㄷ이 들어간 낱말
첫소리	[드]	달, 다리, 담, 달리기, 등대
끝소리(받침)	[읃]	숟가락, 걷다, 닫다, 듣다, 받다

ㄷ

[디귿]이라고 읽습니다.

ㄷ을 점점 크게 씁니다. 오른쪽 가운데에서 시작합니다.
여러 가지 색깔의 크레파스로 해 봅니다.

첫소리 ㄷ [드] 소리가 납니다.

1 첫소리 ㄷ을 구별해요.

소리를 듣고 첫소리에서 [드] 소리가 나면 동그라미 하세요.

한 음절에서 구별하기	드	스	그	도	모	디
낱말에서 구별하기	다리	고리	돌	노래	달	디딤돌

2 글자를 써 보세요. 색연필로 순서를 지켜 정성껏 씁니다.

[디귿]이라고
읽습니다.
순서에 맞게
씁니다.

ㄷ					
ㄷ					
ㄷ					

3 ㄷ이 홀소리와 만나면 어떤 글자가 만들어질까요?
바르게 쓰고 소리 내어 읽어 보세요. 만든 글자가 들어간 낱말도 말해 보세요.

ㅏ	ㅓ	ㅗ	ㅜ	ㅣ
ㄷ				

🔊 **낱말 말하기**   다리, 다리미   더위, 더하기   도둑, 도로   두더지, 두꺼비   디귿, 라디오

4 낱말을 읽고 첫소리에 ㄷ이 들어가는 낱말을 찾아 색칠하세요.

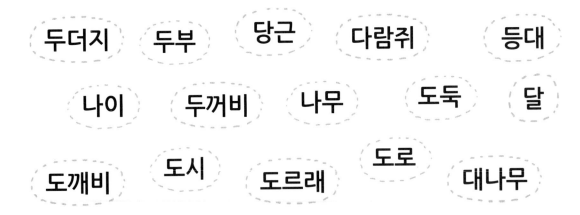

두더지 두부 당근 다람쥐 등대

나이 두꺼비 나무 도둑 달

도깨비 도시 도르래 도로 대나무

5 그림을 보고 〈보기〉에서 알맞은 낱말을 찾아 쓰세요.

〈보기〉

등 다 도 도

| | 대 | | | 깨 | 비 | | 토 | 리 | | 리 |

6 닿소리만 나와 있는 낱말입니다. 홀소리와 받침을 만나 어떤 글자가 만들어질까요?
뜻에 맞게 홀소리와 받침을 써 보세요.

| ㄷ | ㅇ |
그네도 뛰고 창포물에 머리도 감고 씨름도 하는 날입니다.

| ㄷ | ㄹ | ㅈ |
도토리, 밤을 무척 좋아하는 동물이지요.

| ㄷ | ㄹ | ㄷ | ㄹ |
친구들이 모여서 정답게 이야기를 나눠요.

정답: 단오, 다람쥐, 도란도란

74

ㄷ 받침 받침에서 [읃] 소리가 납니다.

7 받침 ㄷ 소리를 구별해요.

소리를 듣고 **ㄷ받침**이 있으면서 [읃] 소리가 나면 동그라미 하세요.

| 한 음절에서 구별하기 | 얻 | 얼 | 엄 | 묻 | 문 | 묵 |
| 낱말에서 구별하기 | 얻다 | 묻다 | 닫다 | 달다 | 듣다 | 들다 |

8 가로줄에 있는 글자와 받침 ㄷ이 만나면 어떤 글자가 만들어질까요?
바르게 쓰고 소리 내어 읽어 보세요. 만든 글자가 들어간 낱말도 말해 보세요.

	바	도	다	쏘	거
ㄷ					

🔵 **낱말 말하기**　받아쓰기, 받다　돋다, 돋보기　닫다　쏟다　걷기, 걷다

9 글자 받침에 ㄷ을 붙였다 뗐다 할 때마다 소리와 뜻이 달라져요.
함께 소리 내어 읽어 보세요.

| 받침이 없어요 | 무기 | 바다 | 쏘다 | 거기 |
| 받침이 생겼어요 | 묻기 | 받다 | 쏟다 | 걷기 |

10 낱말을 읽고 글자 받침에 ㄷ이 들어가는 낱말을 찾아 색칠하세요.

듣다   들다   돋보기   담다   숟가락

달다   묻다   걷다   해돋이   업다

인사

닫다   받다   얼다   얻다

11 그림을 보고 〈보기〉에서 알맞은 ㄷ받침 낱말을 골라 문장을 완성하세요.

〈보기〉
해돋이   묻어요

새해 첫날   를 보러 가요.   다람쥐가 도토리를 땅에

12 그림을 보고 아래 〈보기〉에서 낱말을 골라 문장을 만들어 보세요.

무슨 소리일까?

보기   다람쥐 두꺼비 두더지 달팽이

두두두두 두두두두

무슨 소리일까?

 가 길 만드는 소리예요.

도닥도닥 도닥도닥

무슨 소리일까?

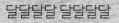 가 모래집 짓는 소리예요.

데굴데굴 데굴데굴

무슨 소리일까?

가 도토리 굴리는 소리예요.

달달달달 달달달달

무슨 소리일까?

들이 술래잡기하는 소리예요.

도란도란 도란도란

무슨 소리일까?

우리들이 다정하게 이야기하는 소리예요.

13 윗글에서 첫소리나 받침에 ㄷ이 들어간 글자에 동그라미 하세요.
여러 번 소리 내어 읽어 보세요.

혓소리  ㄸ

어디에 쓰일까?	소리	ㄸ이 들어간 낱말
첫소리	[뜨]	딱지, 딸, 땀, 똥, 땅, 떡
끝소리(받침)		끝소리로 쓰이지 않습니다.

첫소리 ㄸ [뜨] 소리가 납니다.

1 첫소리 ㄸ을 구별해요.

소리를 듣고 첫소리에서 [뜨] 소리가 나면 동그라미 하세요.

한 음절에서 구별하기	따	타	다	뚜	투	띠
낱말에서 구별하기	토끼	따개비	도마	당나귀	딱지	땅

2 글자를 써 보세요. 색연필로 순서를 지켜 정성껏 씁니다.

ㄸ					

[쌍디귿]이라고 읽습니다. ㄷ을 두 번 씁니다.

3 ㄸ이 홀소리와 만나면 어떤 글자가 만들어질까요?
바르게 쓰고 소리 내어 읽어 보세요. 만든 글자가 들어간 낱말도 말해 보세요.

	ㅏ	ㅓ	ㅗ	ㅜ	ㅣ
ㄸ					

🔵 **낱말 말하기**   따개, 따돌림   떠나다, 떠오르다   또박또박, 또래   뚜껑, 메뚜기   품띠, 띠다

4 낱말을 읽고 첫소리에 ㄸ이 들어가는 낱말을 찾아 색칠하세요.

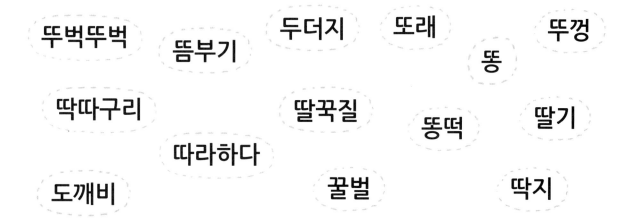

뚜벅뚜벅   뜸부기   두더지   또래   뚜껑   똥

딱따구리   딸꾹질   똥떡   딸기

따라하다

도깨비   꿀벌   딱지

5 그림을 보고 〈보기〉에서 알맞은 낱말을 찾아 쓰세요.

〈보기〉

뚜 딸 뚜 뜸

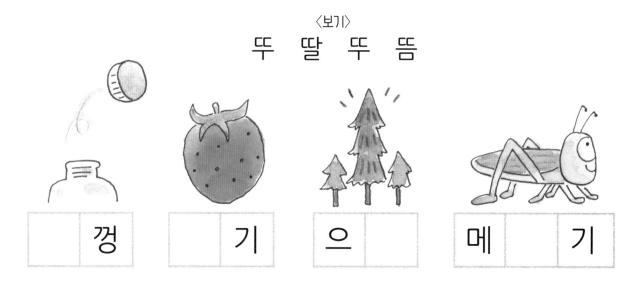

| | 껑 |

| | 기 |

| 으 | |

| 메 | | 기 |

6 닿소리만 나와 있는 낱말입니다. 홀소리와 받침을 만나 어떤 글자가 만들어질까요?
뜻에 맞게 홀소리와 받침을 써 보세요.

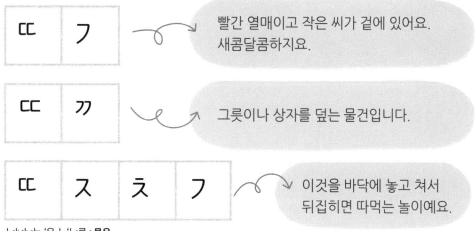

| ㄸ | ㄱ |

빨간 열매이고 작은 씨가 겉에 있어요.
새콤달콤하지요.

| ㄸ | ㄲ |

그릇이나 상자를 덮는 물건입니다.

| ㄸ | ㅈ | ㅊ | ㄱ |

이것을 바닥에 놓고 쳐서
뒤집히면 따먹는 놀이예요.

맛있는 똥 찾아요

보기   새똥 두더지똥 토끼똥 염소똥 돼지똥 강아지똥 소똥

쇠똥구리가 맛있는 똥 찾아 길을 나서요.

동물들은 저마다 똥 자랑을 해요.

찌익 찌익 물총 같은 ⬭⬭⬭ 이 최고지.

찔끔찔끔 손톱 같은 ⬭⬭⬭ 이 최고지.

동글동글 볶은 콩 같은 ⬭⬭⬭ 이 최고지.

다다다다다다 새알 초콜릿 같은 ⬭⬭⬭ 이 최고지.

푸드드드득 무른 ⬭⬭⬭ 이 최고지.

길쭉길쭉 바나나 같은 ⬭⬭⬭ 이 최고지.

철퍼덕 펑퍼짐한 ⬭⬭⬭ 이 최고지.

이 많은 똥 중에서 쇠똥구리는 철퍼덕 ⬭⬭⬭ 이 제일 좋대요.

소똥이 제일 좋아 이름도 쇠똥구리.

8 윗글에서 첫소리에 ㄸ이 들어간 글자에 동그라미 하세요.
여러 번 소리 내어 읽어 보세요. 받침에 ㄸ이 쓰이지 않습니다.

혓소리

ㅌ

[티읕]이라고 읽습니다.

어디에 쓰일까?	소리	ㅌ이 들어간 낱말
첫소리	[트]	탈, 털, 토끼, 타조, 트럭
끝소리(받침)	[읃]	밭, 솥, 팥, 겉, 같다, 겉, 밑

ㅌ을 점점 크게 씁니다.
가운데에서 시작하여 사방팔방으로 터져 나가듯 씁니다.
여러 가지 색깔의 크레파스로 해 봅니다.

 **[ㅌ]** 소리가 납니다.

1 첫소리 ㅌ을 구별해요.

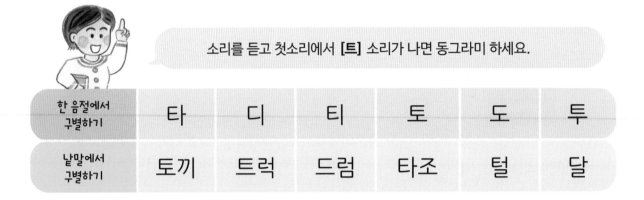

소리를 듣고 첫소리에서 **[ㅌ]** 소리가 나면 동그라미 하세요.

한 음절에서 구별하기	타	디	티	토	도	투
낱말에서 구별하기	토끼	트럭	드럼	타조	털	달

2 글자를 써 보세요. 색연필로 순서를 지켜 정성껏 씁니다.

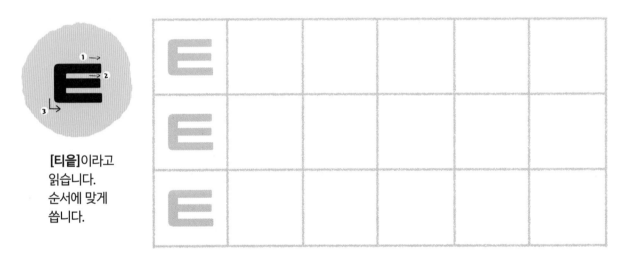

[티읕]이라고 읽습니다. 순서에 맞게 씁니다.

3 ㅌ이 홀소리와 만나면 어떤 글자가 만들어질까요?
바르게 쓰고 소리 내어 읽어 보세요. 만든 글자가 들어간 낱말도 말해 보세요.

	ㅏ	ㅓ	ㅗ	ㅡ	ㅣ
ㅌ					

낱말 말하기 기타, 타조   놀이터, 터널   토요일, 토끼   트집, 트럭   티끌, 티셔츠

82

4 낱말을 읽고 첫소리에 ㅌ이 들어가는 낱말을 찾아 색칠하세요.

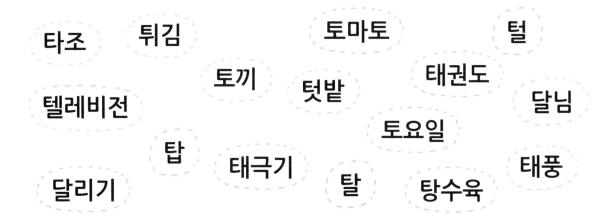

타조　튀김　토마토　털

토끼　텃밭　태권도

텔레비전　달님

토요일

탑　태극기　태풍

달리기　탈　탕수육

5 그림을 보고 〈보기〉에서 알맞은 낱말을 찾아 쓰세요.

〈보기〉

트 타 토 타 토

| | 조 | | | 마 | | | | 럭 | 기 | |

6 닿소리만 나와 있는 낱말입니다. 홀소리와 받침을 만나 어떤 글자가 만들어질까요?
뜻에 맞게 홀소리와 받침을 써 보세요.

| ㅌ | ㄱ | ㄷ | → 우리나라 무술입니다. |

| ㅌ | ㄱ | ㄱ | → 우리나라 국기입니다. |

| ㅌ | ㅁ | ㅌ | → 바로 읽어도 거꾸로 읽어도 같은 이름의 채소입니다. |

정답 : 태권도, 태극기, 토마토

ㅌ 받침 받침에서 [읃] 소리가 납니다.

7 받침 ㅌ 소리를 구별해요.

소리를 듣고 **ㅌ받침**이 있으면서 [읃] 소리가 나면 동그라미 하세요.

한 음절에서 구별하기	같	감	각	박	밭	반
낱말에서 구별하기	같다	갈이	팥죽	판자	텃밭	붙다

8 가로줄에 있는 글자와 받침 ㅌ이 만나면 어떤 글자가 만들어질까요?
바르게 쓰고 소리 내어 읽어 보세요. 만든 글자가 들어간 낱말도 말해 보세요.

	가	끄	바	파	거
ㅌ					

🔊 **낱말 말하기**   같다   끝, 끝맺음   밭, 꽃밭   팥죽, 팥빙수   겉옷, 겉껍질

9 글자 받침에 ㅌ을 붙였다 뗐다 할 때마다 소리와 뜻이 달라져요.
함께 소리 내어 읽어 보세요.

받침이 없어요	파	배다	가다	소
받침이 생겼어요	팥	뱉다	같다	솥

10 낱말을 읽고 글자 받침에 ㅌ이 들어가는 낱말을 찾아 색칠하세요.

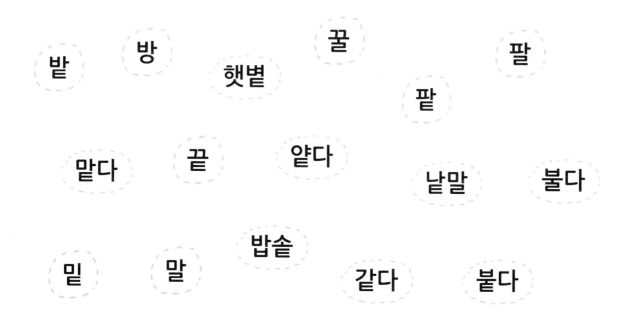

밭 방 꿀 팔
햇볕 팥
맡다 끝 얕다 낱말 불다
밥솥
밑 말 같다 붙다

11 그림을 보고 〈보기〉에서 알맞은 ㅌ받침 낱말을 골라 문장을 완성하세요.

〈보기〉
팥죽 붙여요

호랑이는   을 먹으러 내려왔어요.   그림을 벽에   .

7 그림을 보고 아래 〈보기〉에서 낱말을 골라 문장을 만들어 보세요.

어디 가나요?

보기　토끼　타조　털장갑　털목도리

탈탈탈탈 트럭 아저씨
털털털털 털뭉치 가득 싣고 어디 가나요?
토실토실 토실이　　　　　네 이불 지으러 가요.

통통통통 통통배 아저씨
통통통통 통나무 가득 싣고 어디 가나요?
타타타타 뛰기 좋아하는
　　　　　　놀이터 지으러 가요.

타타타타 오토바이 아저씨
타타타타 선물 가득 싣고 어디 가나요?
눈 내리기 전
　　　　　,　　　　　가 필요한
겨울나무, 동물들한테 선물 주러 간단다.

8 윗글에서 첫소리나 받침에 ㅌ이 들어간 글자에 동그라미 하세요.
여러 번 소리 내어 읽어 보세요.

혓소리 ㄹ

ㄹ

[리을]이라고 읽습니다.

어디에 쓰일까?	소리	ㄹ이 들어간 낱말
첫소리	[르]	라디오, 로켓, 리본, 라면, 레몬
끝소리(받침)	[을]	말, 물, 길, 털, 별, 실

ㄹ이 서로 이어져 시냇물처럼 보이도록 씁니다.
왼쪽 위에서 시작합니다.
여러 가지 색깔의 크레파스로 ㄹ의 물결을 만들며 씁니다.

 **첫소리 ㄹ** [르] 소리가 납니다.

1 첫소리 ㄹ을 구별해요.

 소리를 듣고 첫소리에서 **[르]** 소리가 나면 동그라미 하세요.

한 음절에서 구별하기	라	나	러	로	노	리
낱말에서 구별하기	라디오	나비	리본	로켓	목	라면

2 글자를 써 보세요. 색연필로 순서를 지켜 정성껏 씁니다.

[리을]이라고 읽습니다. 순서에 맞게 씁니다.

ㄹ					
ㄹ					
ㄹ					

3 ㄹ이 홀소리와 만나면 어떤 글자가 만들어질까요?
바르게 쓰고 소리 내어 읽어 보세요. 만든 글자가 들어간 낱말도 말해 보세요.

	ㅏ	ㅓ	ㅗ	ㅜ	ㅣ
ㄹ					

🔊 **낱말 말하기**　　라디오, 라일락　　기러기, 부러워　　로봇, 가로수　　노루, 루비　　수리, 리본

4 낱말을 읽고 첫소리에 ㄹ이 들어가는 낱말을 찾아서 색칠하세요.

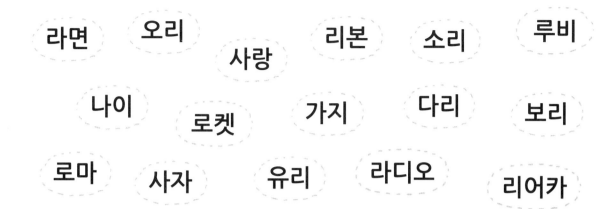

라면　오리　리본　소리　루비

사랑

나이　로켓　가지　다리　보리

로마　사자　유리　라디오　리어카

5 그림을 보고 〈보기〉에서 알맞은 낱말을 찾아 쓰세요.

〈보기〉

로　라　리　로　리

| | 켓 | | 본 | | 봇 | 다 | | | 면 |

6 닿소리만 나와 있는 낱말입니다. 홀소리와 받침을 만나 어떤 글자가 만들어질까요?
뜻에 맞게 홀소리와 받침을 써 보세요.

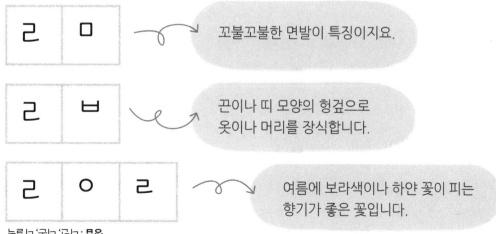

| ㄹ | ㅁ |

꼬불꼬불한 면발이 특징이지요.

| ㄹ | ㅂ |

끈이나 띠 모양의 헝겊으로
옷이나 머리를 장식합니다.

| ㄹ | ㅇ | ㄹ |

여름에 보라색이나 하얀 꽃이 피는
향기가 좋은 꽃입니다.

ㄹ 받침 받침에서 [을] 소리가 납니다.

7 받침 ㄹ 소리를 구별해요.

> 소리를 듣고 **ㄹ받침**이 있으면서 [을] 소리가 나면 동그라미 하세요.

한 음절에서 구별하기	동	돌	담	달	불	물
낱말에서 구별하기	날씨	낙지	돌멩이	달빛	달팽이	당근

8 가로줄에 있는 글자와 받침 ㄹ이 만나면 어떤 글자가 만들어질까요?
바르게 쓰고 소리 내어 읽어 보세요. 만든 글자가 들어간 낱말도 말해 보세요.

	구	기	나	다	도
ㄹ					

🔵 **낱말 말하기**   굴뚝, 굴렁쇠   길이, 길다   날다, 날개   달, 달리기   돌, 돌담

9 글자 받침에 ㄹ을 붙였다 뗐다 할 때마다 소리와 뜻이 달라져요.
함께 소리 내어 읽어 보세요.

받침이 없어요	파	벼	가다	소
받침이 생겼어요	팔	별	갈다	솔

10 낱말을 읽고 글자 받침에 ㄹ이 들어가는 낱말을 찾아 색칠하세요.

별　물결　돌다리　길　날개　달님

월요일　발　일요일　걷다　날짜

들　꺾다　걸다　실　얼굴

말　싣다　달력

11 그림을 보고 〈보기〉에서 알맞은 ㄹ받침 낱말을 골라 문장을 완성하세요.

〈보기〉

불어요　날아가요

시원한 바람이 ⬭ .　　새들이 둥지로 ⬭ .

12 그림을 보고 아래 〈보기〉에서 낱말을 골라 문장을 만들어 보세요.

ㄹ받침 한 글자 잔치

보기   달 별 물 말 글 발 말

ㄹ받침 한 글자들이 모여 잔치를 한대요.

이 둥실둥실 제일 먼저 왔어요.

이 총총총 뛰어왔어요.

이 졸졸거리며 오고

그 뒤로   과   이 술술거리며 오더래요.

그런데   이 발발거리며 달려오더니

아니 발도 없는 것들이 왜 이렇게 빨리 왔냐니까

히잉히잉 발 빠른   이 달려오며

"길이 막혀 늦었습니다." 하더래요.

같이 가!

13 윗글에서 첫소리나 받침에 ㄹ이 들어간 글자에 동그라미 하세요.
여러 번 소리 내어 읽어 보세요.

헛소리 말놀이

ㄴ ㄷ ㄸ ㅌ ㄹ

잘했나요? 😄 🙂 😐

〈보기〉에 있는 낱말을 찾아 동그라미 하세요.

나	비	라	면	노	을	다	리	미	털	도	둑
무	탈	놀	이	터	토	끼	달	리	기	시	토
태	권	도	리	나	팔	꽃	당	담	벼	락	마
극	낙	서	본	드	타	다	락	방	동	똥	토
기	린	도	자	기	달	력	당	동	생	트	집
타	조	노	래	동	그	라	미	네	땀	럭	딸
나	이	로	봇	떡	볶	이	땅	달	또	래	기

〈 보기 〉

나비, 나무, 라면, 노을, 리본, 본드, 타조, 토끼, 토마토, 털, 트럭, 트집, 나팔꽃, 로봇, 낙서, 나이, 노래, 놀이터, 도시락, 달리기, 담벼락, 다락방, 달력, 똥, 도자기, 도둑, 탈, 동생, 동네, 동그라미, 땀, 딸, 달, 딸기, 떡볶이, 또래, 땅, 다리미, 태권도, 태극기

입술소리 ㅁ

어디에 쓰일까?	소리	ㅁ이 들어간 낱말
첫소리	[므]	마음, 머리, 마당, 모자, 무지개
끝소리(받침)	[음]	감, 담, 몸, 밤, 엄마, 봄

[미음]이라고 읽습니다.

ㅁ을 가운데부터 점점 크게 씁니다.
여러 가지 색깔의 크레파스로 해 봅니다.

첫소리 ㅁ [므] 소리가 납니다.

1 첫소리 ㅁ을 구별해요.

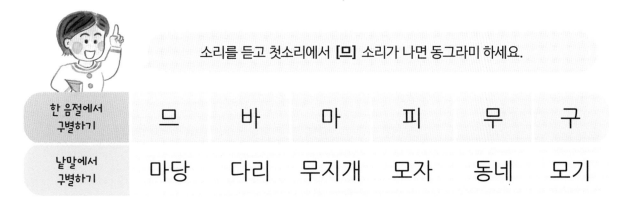

소리를 듣고 첫소리에서 [므] 소리가 나면 동그라미 하세요.

한 음절에서 구별하기	으	바	마	피	무	구
낱말에서 구별하기	마당	다리	무지개	모자	동네	모기

2 글자를 써 보세요. 색연필로 순서를 지켜 정성껏 씁니다.

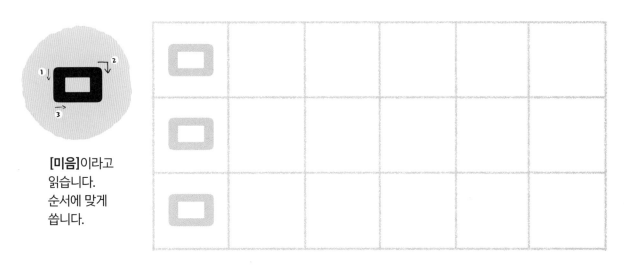

[미음]이라고
읽습니다.
순서에 맞게
씁니다.

3 ㅁ이 홀소리와 만나면 어떤 글자가 만들어질까요?
바르게 쓰고 소리 내어 읽어 보세요. 만든 글자가 들어간 낱말도 말해 보세요.

ㅏ	ㅓ	ㅗ	ㅜ	ㅣ

| ㅁ | | | | |

낱말 말하기   마음, 마을   머리, 머루   모자, 모기   무기, 무게   미소, 미끄럼

4 낱말을 읽고 첫소리에 ㅁ이 들어가는 낱말을 찾아 색칠하세요.

마늘   고리   무지개   소리

마음

무거워   모자   머물다   다리

미술   마당   미나리   미안해

5 그림을 보고 〈보기〉에서 알맞은 낱말을 찾아 쓰세요.

〈보기〉

밤 모 마 말

	자

	녀

6 닿소리만 나와 있는 낱말입니다. 홀소리와 받침을 만나 어떤 글자가 만들어질까요?
뜻에 맞게 홀소리와 받침을 써 보세요.

ㅁ	ㄱ

여름이면 귓가에서 앵앵거려요.

ㅁ	ㅈ	ㄱ

빨, 주, 노, 초, 파, 남, 보, 일곱 색깔이지요.

ㅁ	ㄲ	ㄹ	ㅌ

미끌미끌 놀이터에서 타면 무척 재미있어요.

정답 : 모기, 무지개, 미끄럼틀

ㅁ 받침 받침에서 [음] 소리가 납니다.

7 받침 ㅁ 소리를 구별해요.

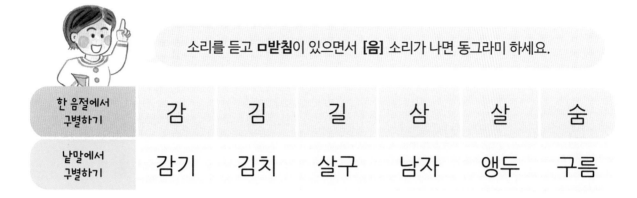

소리를 듣고 **ㅁ받침**이 있으면서 [음] 소리가 나면 동그라미 하세요.

한 음절에서 구별하기	감	김	길	삼	살	숨
낱말에서 구별하기	감기	김치	살구	남자	앵두	구름

8 가로줄에 있는 글자와 받침 ㅁ이 만나면 어떤 글자가 만들어질까요?
바르게 쓰고 소리 내어 읽어 보세요. 만든 글자가 들어간 낱말도 말해 보세요.

	가	거	고	구	기
ㅁ					

낱말 말하기   감, 감자   검사, 검다   곰, 곰팡이   굼벵이   김치, 김밥

9 글자 받침에 ㅁ을 붙였다 뗐다 할 때마다 소리와 뜻이 달라져요.
함께 소리 내어 읽어 보세요.

받침이 없어요	소	나	가자	가기
받침이 생겼어요	솜	남	감자	감기

10 낱말을 읽고 글자 받침에 ㅁ이 들어가는 낱말을 찾아 색칠하세요.

김밥   몸   잠자리   봄

구름

심부름   춤   축구

날짜

엄마

밤   임금님

실   염소

마음   잠

11 그림을 보고 〈보기〉에서 알맞은 ㅁ받침 낱말을 골라 문장을 완성하세요.

〈보기〉
심부름   솜사탕

1학년은 _____ 을 할 수 있어요.   하얀 _____ 은 구름 같아요.

12 그림을 보고 아래 〈보기〉에서 낱말을 골라 문장을 만들어 보세요.

ㅁ받침 찾아요

보기   감자 감기 잠

가자가 냉장고에서 뭔가를 찾고 있어요.

뭘 찾니?

ㅁ을 찾아요.

저런, 가자는 　　　 였구나.

가기는 콧물을 닦으며 뭔가를 찾고 있어요.

뭘 찾니?

ㅁ을 찾아요.

저런, 가기는 　　　 였구나.

자는 하품을 하면서 뭔가를 찾고 있어요.

뭘 찾니?

ㅁ을 찾아요.

저런, 자는 　　 이었구나.

그렇지, 　　 이 와야 잘 수 있지.

13 윗글에서 첫소리나 받침에 ㅁ이 들어간 글자에 동그라미 하세요.
여러 번 소리 내어 읽어 보세요.

입술소리 ㅂ

ㅂ

[비읍]이라고 읽습니다.

어디에 쓰일까?	소리	ㅂ이 들어간 낱말
첫소리	[브]	비, 바람, 바다, 보리, 바지
끝소리(받침)	[읍]	밥, 입, 입다, 돕다, 업다

ㅂ을 위의 가운데부터 시작합니다.
ㅂ을 한 개에서 두 개, 세 개, 네 개로 늘려 봅니다.
빨간색 크레파스로 하면 훨씬 불 같은 느낌이 듭니다.

첫소리 ㅂ [브] 소리가 납니다.

1 첫소리 ㅂ을 구별해요.

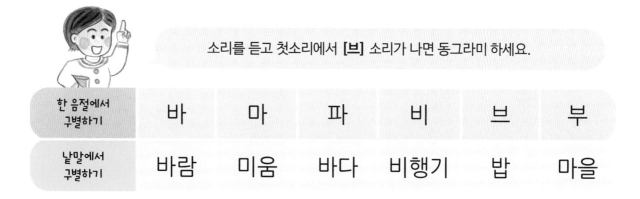

소리를 듣고 첫소리에서 [브] 소리가 나면 동그라미 하세요.

한 음절에서 구별하기	바	마	파	비	브	부
낱말에서 구별하기	바람	미움	바다	비행기	밥	마을

2 글자를 써 보세요. 색연필로 순서를 지켜 정성껏 씁니다.

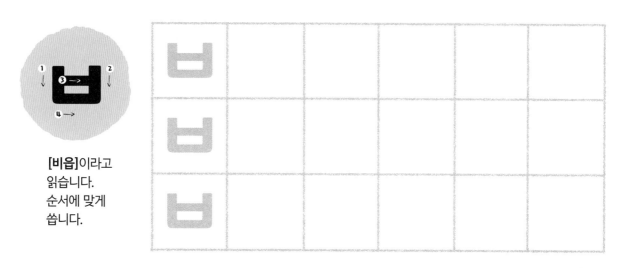

[비읍]이라고
읽습니다.
순서에 맞게
씁니다.

3 ㅂ이 홀소리와 만나면 어떤 글자가 만들어질까요?
바르게 쓰고 소리 내어 읽어 보세요. 만든 글자가 들어간 낱말도 말해 보세요.

	ㅏ	ㅓ	ㅗ	ㅜ	ㅣ
ㅂ					

🔵 **낱말 말하기** 바다, 바지   버드나무, 버릇   보람, 보건실   부자, 부랴부랴   비닐, 비옷

4 낱말을 읽고 첫소리에 ㅂ이 들어가는 낱말을 찾아 색칠하세요.

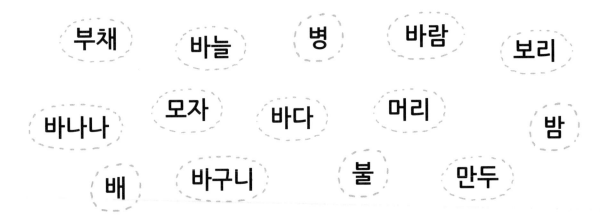

부채 바늘 병 바람 보리

바나나 모자 바다 머리 밤

배 바구니 불 만두

5 그림을 보고 〈보기〉에서 알맞은 낱말을 찾아 쓰세요.

〈보기〉

배 버 비 밥

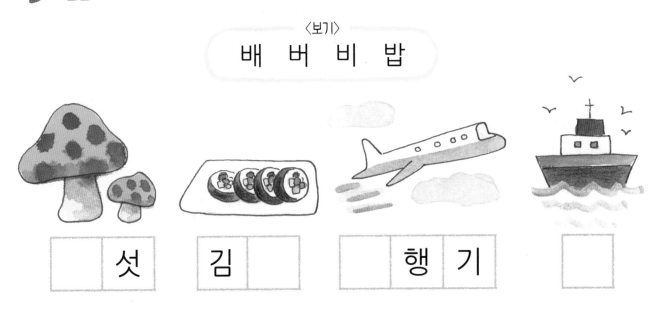

□ 섯   김 □   □ 행 기   □

6 닿소리만 나와 있는 낱말입니다. 홀소리와 받침을 만나 어떤 글자가 만들어질까요?
뜻에 맞게 홀소리와 받침을 써 보세요.

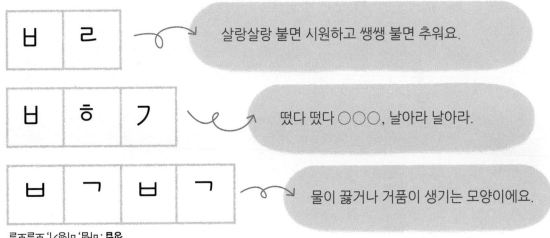

ㅂ ㄹ ─── 살랑살랑 불면 시원하고 쌩쌩 불면 추워요.

ㅂ ㅎ ㄱ ─── 떴다 떴다 ○○○, 날아라 날아라.

ㅂ ㄱ ㅂ ㄱ ─── 물이 끓거나 거품이 생기는 모양이에요.

정답: 버섯, 김밥, 비행기, 배

102

ㅂ 받침   받침에서 [읍] 소리가 납니다.

7 받침 ㅂ 소리를 구별해요.

소리를 듣고 **ㅂ받침**이 있으면서 [읍] 소리가 나면 동그라미 하세요.

한 음절에서 구별하기	갑	감	삽	입	일	집
낱말에서 구별하기	입술	좁다	덜다	덥다	돌다	돕다

8 가로줄에 있는 글자와 받침 ㅂ이 만나면 어떤 글자가 만들어질까요?
바르게 쓰고 소리 내어 읽어 보세요. 만든 글자가 들어간 낱말도 말해 보세요.

	가	나	다	마	바
ㅂ					

🔵 **낱말 말하기**   갑옷, 갑자기   납작하다   답장, 정답   고맙다   밥, 밥솥

9 글자 받침에 ㅂ을 붙였다 뗐다 할 때마다 소리와 뜻이 달라져요.
함께 소리 내어 읽어 보세요.

받침이 없어요	추다	지다	자다	주다
받침이 생겼어요	춥다	집다	잡다	줍다

10 낱말을 읽고 글자 받침에 ㅂ이 들어가는 낱말을 찾아 색칠하세요.

입　업기　덥다　법

밥

접시　겁쟁이　말　돕기

컵　지갑　집

서랍

집게　답사

11 그림을 보고 〈보기〉에서 알맞은 ㅂ받침 낱말을 골라 문장을 완성하세요.

〈보기〉
종이접기　입어요

는 재미있어요. 　　비 오는 날에는 비옷을 　　　　.

12 그림을 보고 아래 〈보기〉에서 낱말을 골라 문장을 만들어 보세요.

비눗방울

보기   비눗방울   별

봉봉 방방
방방 봉봉
방울방울 비눗방울

커다래진
높이 높이 오르며
구름도 담고
무지개도 담고
하늘도 담았어요.

더 이상 담을 수 없이
커다래진 비눗방울
톡 터지면
빤짝 빤짝   이 되어 쏟아집니다.

13 윗글에서 첫소리나 받침에 ㅂ이 들어간 글자에 동그라미 하세요.
여러 번 소리 내어 읽어 보세요.

입술소리 ㅃ

어디에 쓰일까?	소리	ㅃ이 들어간 낱말
첫소리	[쁘]	뼈, 뿌리, 빵, 빨래, 뿔, 뺨
끝소리(받침)		끝소리로 쓰이지 않습니다.

첫소리 ㅃ [쁘] 소리가 납니다.

1 첫소리 ㅃ을 구별해요.

소리를 듣고 첫소리에서 [쁘] 소리가 나면 동그라미 하세요.

한 음절에서 구별하기	뼈	벼	며	뿌	부	푸
낱말에서 구별하기	밤	뺨	뿌리	피리	불	뿔

2 글자를 써 보세요. 색연필로 순서를 지켜 정성껏 씁니다.

ㅃ					

[쌍비읍]이라고 읽습니다. ㅂ을 두 번 씁니다.

3 ㅃ이 홀소리와 만나면 어떤 글자가 만들어질까요?
바르게 쓰고 소리 내어 읽어 보세요. 만든 글자가 들어간 낱말도 말해 보세요.

	ㅏ	ㅓ	ㅗ	ㅜ	ㅡ
ㅃ					

🕐 **낱말 말하기** 빠르다, 오빠   예뻐, 뻐꾸기   뽀뽀, 뽀드득   뿌리, 뿌듯하다   기쁘다, 예쁘다

106

4 낱말을 읽고 첫소리에 ㅃ이 들어가는 낱말을 찾아 색칠하세요.

빨래 뽐내다 방 빵

불 빨대 뼈 별 뽕나무

뿔

뿌리 말 뺄셈 벼 뻐꾸기

5 그림을 보고 〈보기〉에서 알맞은 낱말을 찾아 쓰세요.

〈보기〉
뿔 빵 뿌 빨

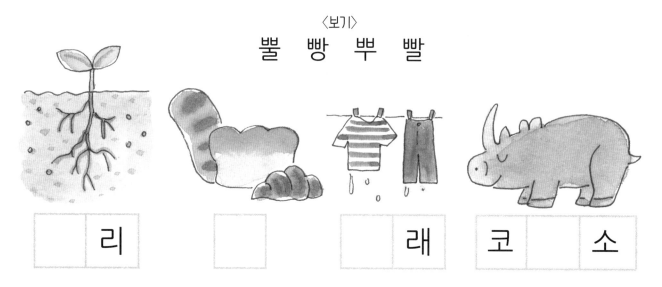

	리

	래

코		소

6 닿소리만 나와 있는 낱말입니다. 홀소리와 받침을 만나 어떤 글자가 만들어질까요?
뜻에 맞게 홀소리와 받침을 써 보세요.

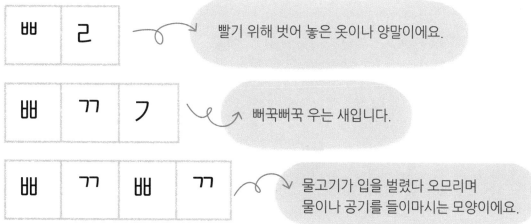

ㅃ	ㄹ

빨기 위해 벗어 놓은 옷이나 양말이에요.

ㅃ	ㄲ	ㄱ

뻐꾹뻐꾹 우는 새입니다.

ㅃ	ㄲ	ㅃ	ㄲ

물고기가 입을 벌렸다 오므리며
물이나 공기를 들이마시는 모양이에요.

정답 : 빨래, 뻐꾸기, 뻐끔뻐끔

107

7 그림을 보고 아래 〈보기〉에서 낱말을 골라 문장을 만들어 보세요.

뼈다귀 마을의 소원

보기   빵빵   뿡뿡뿡   빼빼

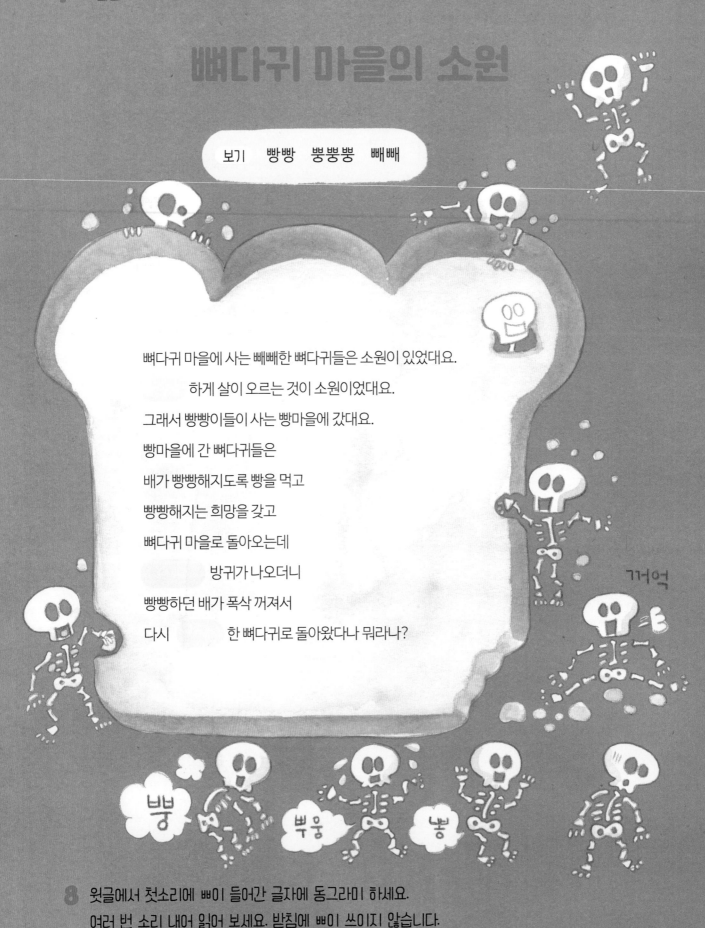

뼈다귀 마을에 사는 빼빼한 뼈다귀들은 소원이 있었대요.

⬜⬜⬜ 하게 살이 오르는 것이 소원이었대요.

그래서 빵빵이들이 사는 빵마을에 갔대요.

빵마을에 간 뼈다귀들은

배가 빵빵해지도록 빵을 먹고

빵빵해지는 희망을 갖고

뼈다귀 마을로 돌아오는데

⬜⬜⬜ 방귀가 나오더니

빵빵하던 배가 폭삭 꺼져서

다시 ⬜⬜⬜ 한 뼈다귀로 돌아왔다나 뭐라나?

꺼어억

뿡   뿌웅   뽕

8 윗글에서 첫소리에 ㅃ이 들어간 글자에 동그라미 하세요.
여러 번 소리 내어 읽어 보세요. 받침에 ㅃ이 쓰이지 않습니다.

108

입술소리  ㅍ

ㅍ

[피읖]이라고 읽습니다.

어디에 쓰일까?	소리	ㅍ이 들어간 낱말
첫소리	[프]	피아노, 파도, 풍선, 팽이, 포도
끝소리(받침)	[읍]	숲, 앞, 옆, 잎, 늪, 깊다, 높다

ㅍ을 점점 크게 씁니다.
가운데에서 시작하여 사방팔방으로 퍼져 나가듯 써 나갑니다.
여러 가지 색깔의 크레파스로 해 봅니다.

 첫소리 ㅍ [프] 소리가 납니다.

1 첫소리 ㅍ을 구별해요.

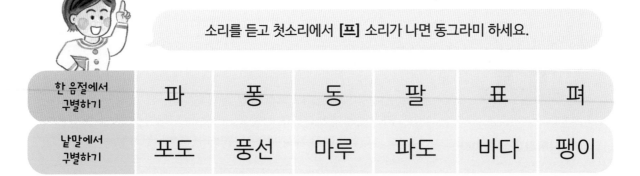

소리를 듣고 첫소리에서 [프] 소리가 나면 동그라미 하세요.

한 음절에서 구별하기	파	퐁	동	팔	표	펴
낱말에서 구별하기	포도	풍선	마루	파도	바다	팽이

2 글자를 써 보세요. 색연필로 순서를 지켜 정성껏 씁니다.

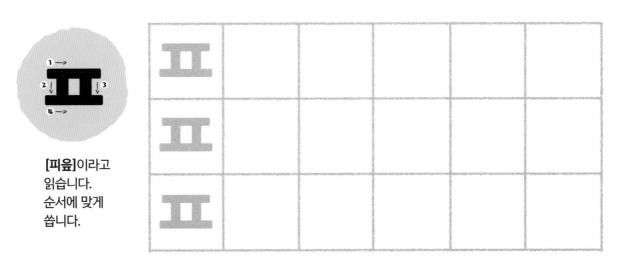

[피읖]이라고 읽습니다. 순서에 맞게 씁니다.

3 ㅍ이 홀소리와 만나면 어떤 글자가 만들어질까요?
바르게 쓰고 소리 내어 읽어 보세요. 만든 글자가 들어간 낱말도 말해 보세요.

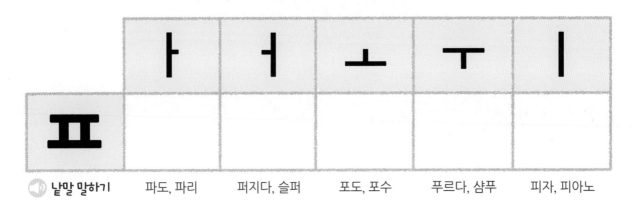

	ㅏ	ㅓ	ㅗ	ㅜ	ㅣ
ㅍ					

🔵 **낱말 말하기**   파도, 파리   퍼지다, 슬퍼   포도, 포수   푸르다, 샴푸   피자, 피아노

4 낱말을 읽고 첫소리에 ㅍ이 들어가는 낱말을 찾아 색칠하세요.

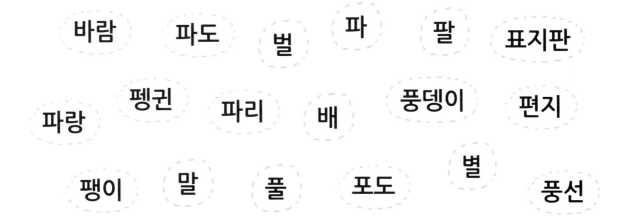

바람　　파도　　벌　　파　　팔　　표지판

파랑　　펭귄　　파리　　배　　풍뎅이　　편지

팽이　　말　　풀　　포도　　별　　풍선

5 그림을 보고 〈보기〉에서 알맞은 낱말을 찾아 쓰세요.

〈보기〉
피 풍 포 팽

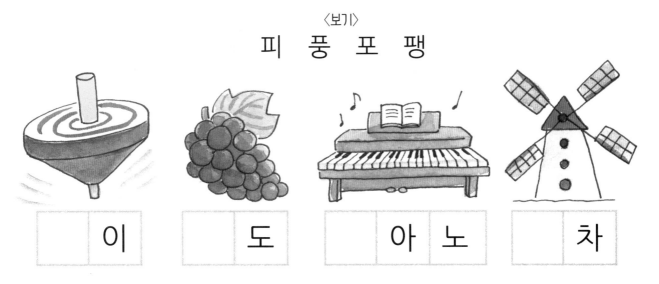

| | 이 | | 도 | | 아 | 노 | | 차 |

6 닿소리만 나와 있는 낱말입니다. 홀소리와 받침을 만나 어떤 글자가 만들어질까요?
뜻에 맞게 홀소리와 받침을 써 보세요.

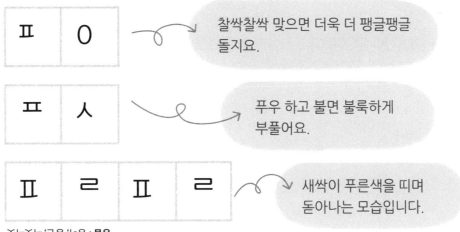

ㅍ	ㅇ

찰싹찰싹 맞으면 더욱 더 팽글팽글 돌지요.

ㅍ	ㅅ

푸우 하고 불면 불룩하게 부풀어요.

ㅍ	ㄹ	ㅍ	ㄹ

새싹이 푸른색을 띠며 돋아나는 모습입니다.

정답: 팽이, 풍선, 파릇파릇

111

받침 받침에서 **[읍]** 소리가 납니다.

7 받침 ㅍ 소리를 구별해요.

소리를 듣고 **ㅍ받침**이 있으면서 **[읍]** 소리가 나면 동그라미 하세요.

한 음절에서 구별하기	앞	옆	염	알	잎	인
낱말에서 구별하기	앞집	무릎	염소	높다	앞치마	깊다

8 가로줄에 있는 글자와 받침 ㅍ이 만나면 어떤 글자가 만들어질까요?
바르게 쓰고 소리 내어 읽어 보세요. 만든 글자가 들어간 낱말도 말해 보세요.

	아	여	수	노	이
ㅍ					

🔊 **낱말 말하기**　　앞, 앞치마　　옆, 옆구리　　숲, 숲길　　높다, 높낮이　　잎사귀

9 글자 받침에 ㅍ을 붙였다 뗐다 할 때마다 소리와 뜻이 달라져요.
함께 소리 내어 읽어 보세요.

받침이 없어요	기다	수	가다	이
받침이 생겼어요	깊다	숲	갚다	잎

10 낱말을 읽고 글자 받침에 ㅍ이 들어가는 낱말을 찾아 색칠하세요.

앞 알 높이 놀이 숲 줄

옆 빵 숨 앞치마

무릎 잎

늪 값다 깊이 엎다 얼다 덮다

11 그림을 보고 〈보기〉에서 알맞은 ㅍ받침 낱말을 골라 문장을 완성하세요.

〈보기〉

앞치마 높은

요리할 때는　　　　　　를 둘러요.　　고양이는　　　　　　　곳에

올라가는 것을 좋아해요.

12 그림을 보고 아래 〈보기〉에서 낱말을 골라 문장을 만들어 보세요.

ㅍ받침 찾아 주니

보기   앞 깊다 높다

'아'가 자꾸 뒤로 갑니다.
ㅍ 신발 찾아 주니
'앞으로 앞으로' 노래하며 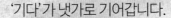으로 가네요.

'기다'가 냇가로 기어갑니다.
ㅍ 장화 찾아 주니
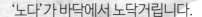, '깊어' 하며 깊은 냇물을 폴짝 건너갑니다.

'노다'가 바닥에서 노닥거립니다.
ㅍ 신발 찾아 주니
는 퐁퐁 뛰며
높다란 자기 집으로 뛰어 올라갑니다.

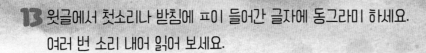

13 윗글에서 첫소리나 받침에 ㅍ이 들어간 글자에 동그라미 하세요.
여러 번 소리 내어 읽어 보세요.

입술소리 말놀이

ㅁ ㅂ ㅃ ㅍ

〈보기〉에 있는 낱말을 찾아 동그라미하세요.

미	안	해	뿌	비	옷	삐	펄	럭	펄	럭	빵
술	모	자	리	둘	예	이	슬	비	팔	불	뿔
시	뿡	뽐	내	기	쁨	불	펭	권	꿈	마	루
간	편	의	점	뼈	사	피	어	라	치	차	표
표	지	판	바	다	뿐	우	팽	팝	콘	마	늘
현	펑	사	마	귀	팡	기	이	파	비	을	뽐
빠	푸	모	녀	뽀	피	곤	함	바	늘	방	석

〈 보기 〉

미안해, 뿌리, 모자, 미술시간, 시간표, 편의점, 표지판, 표현, 편지, 판사, 바다, 사마귀,
마녀, 모녀, 뼈다귀, 비옷, 비둘기, 기쁨, 사뿐, 뽐내기, 펄럭펄럭, 팔, 팔꿈치, 럭비, 이슬비,
이불, 피곤, 팽이, 팝콘, 마을, 마늘, 비늘, 바늘, 방석, 빵, 뿔, 불, 마루, 마차, 차표, 펭귄

잇소리

	어디에 쓰일까?	소리	ㅅ이 들어간 낱말
ㅅ [시옷]이라고 읽습니다.	첫소리	[스]	사랑, 소리, 시소, 새, 산, 손
	끝소리(받침)	[읃]	갓, 솟대, 젓갈, 씻다, 옷
	ㅅ을 아래 가운데부터 점점 크게 씁니다. 솟아오른 산 모양이 되게 씁니다. 여러 가지 색깔의 크레파스로 해 봅니다.		

ᄉ

첫소리 ᄉ [스] 소리가 납니다.

1 첫소리 ᄉ을 구별해요.

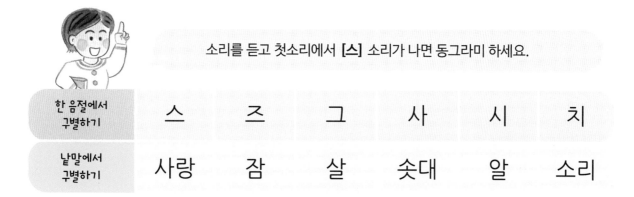

소리를 듣고 첫소리에서 [스] 소리가 나면 동그라미 하세요.

한 음절에서 구별하기	스	즈	그	사	시	치
낱말에서 구별하기	사랑	잠	살	솟대	알	소리

2 글자를 써 보세요. 색연필로 순서를 지켜 정성껏 씁니다.

[시옷]이라고 읽습니다. 순서에 맞게 씁니다.

3 ᄉ이 홀소리와 만나면 어떤 글자가 만들어질까요?
바르게 쓰고 소리 내어 읽어 보세요. 만든 글자가 들어간 낱말도 말해 보세요.

	ㅏ	ㅓ	ㅗ	ㅜ	ㅡ
ᄉ					

낱말 말하기 | 사과, 사랑 | 서울, 서로 | 소금, 소문 | 수박, 수레 | 스키, 마스크

4 낱말을 읽고 첫소리에 ㅅ이 들어가는 낱말을 찾아 색칠하세요.

소문 소리 보리 손 수박 물

샘물 새벽 사자 바람 사랑

소나무

소나기 스키 사막 불 새 산

5 그림을 보고 〈보기〉에서 알맞은 낱말을 찾아 쓰세요.

〈보기〉

사 시 소 스

| | 과 | | 키 | 시 | | | 계 |

6 닿소리만 나와 있는 낱말입니다. 홀소리와 받침을 만나 어떤 글자가 만들어질까요?
뜻에 맞게 홀소리와 받침을 써 보세요.

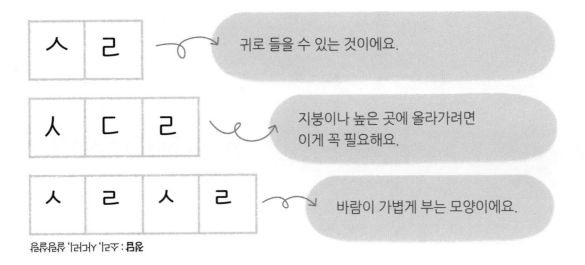

| ㅅ | ㄹ | → 귀로 들을 수 있는 것이에요.

| ㅅ | ㄷ | ㄹ | → 지붕이나 높은 곳에 올라가려면 이게 꼭 필요해요.

| ㅅ | ㄹ | ㅅ | ㄹ | → 바람이 가볍게 부는 모양이에요.

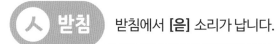 **ㅅ 받침** 받침에서 **[읃]** 소리가 납니다.

7 받침 ㅅ 소리를 구별해요.

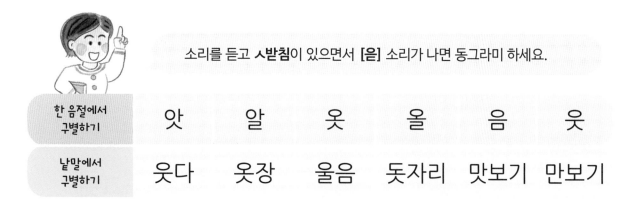

소리를 듣고 **ㅅ받침**이 있으면서 **[읃]** 소리가 나면 동그라미 하세요.

한 음절에서 구별하기	앗	알	옷	올	음	웃
낱말에서 구별하기	웃다	옷장	울음	돗자리	맛보기	만보기

8 가로줄에 있는 글자와 받침 ㅅ이 만나면 어떤 글자가 만들어질까요?
바르게 쓰고 소리 내어 읽어 보세요. 만든 글자가 들어간 낱말도 말해 보세요.

	나	오	서	마	머
ㅅ					

🔵 **낱말 말하기**   낫, 낫다   옷, 시옷   버섯, 다섯   맛, 맛있다   멋, 멋쟁이

9 글자 받침에 ㅅ을 붙였다 뗐다 할 때마다 소리와 뜻이 달라져요.
함께 소리 내어 읽어 보세요.

받침이 없어요	거지	오	비다	나
받침이 생겼어요	거짓	옷	빗다	낫

10 낱말을 읽고 글자 받침에 ㅅ이 들어가는 낱말을 찾아 색칠하세요.

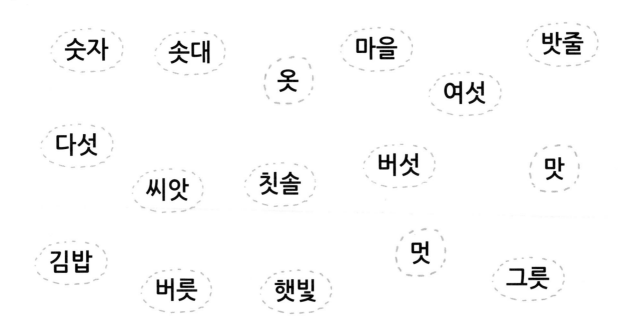

숫자 솟대 마을 밧줄

옷 여섯

다섯 버섯 맛

씨앗 칫솔

김밥 멋

버릇 햇빛 그릇

11 그림을 보고 〈보기〉에서 알맞은 ㅅ받침 낱말을 골라 문장을 완성하세요.

〈보기〉
씨앗 멋진

들이 톡톡 터집니다.   나는   1학년입니다.

12 그림을 보고 아래 〈보기〉에서 낱말을 골라 문장을 만들어 보세요.

ㅅ이 닮은 것

보기   솟대   샘물   샛별   사랑

ㅅ은

ㅅ은 산을 닮았어요.

ㅅ은 손을 닮았어요.

ㅅ은 새의 날개짓을 닮았어요.

ㅅ은 사다리를 닮았어요.

ㅅ은 솟는 것들을 닮았어요.

그래서

ㅅ은

마을 어귀에 솟아 있는 　　　　　에도 있고

퐁퐁 솟는 　　　　에도 있고

이른 저녁에 솟는 　　　에도 있어요.

서로의 마음에서 퐁퐁 솟는 　　　에도 있어요.

13 윗글에서 첫소리나 받침에 ㅅ이 들어간 글자에 동그라미 하세요.
여러 번 소리 내어 읽어 보세요.

잇소리 ㅆ

어디에 쓰일까?	소리	ㅆ이 들어간 낱말
첫소리	[쓰]	쌀, 씨앗, 싸움, 싹, 쌈, 쌍둥이, 쓰레기
끝소리(받침)	[읃]	있다 (ㅆ받침이 있는 독립적인 유일한 낱말. 그 밖에는 다짐형이나 과거형으로 쓰임)

첫소리 ㅆ [쓰] 소리가 납니다.

1 첫소리 ㅆ을 구별해요.

소리를 듣고 첫소리에서 [쓰] 소리가 나면 동그라미 하세요.

한 음절에서 구별하기	사	싸	주	쑤	시	씨
낱말에서 구별하기	시소	쓰레기	씨름	쌀	줄	실

2 글자를 써 보세요. 색연필로 순서를 지켜 정성껏 씁니다.

[쌍시옷]이라고 읽습니다. ㅅ을 두 번 씁니다.

3 ㅆ이 홀소리와 만나면 어떤 글자가 만들어질까요?
바르게 쓰고 소리 내어 읽어 보세요. 만든 글자가 들어간 낱말도 말해 보세요.

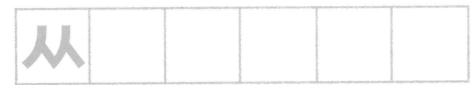

	ㅏ	ㅓ	ㅜ	ㅡ	ㅣ
ㅆ					

🔵 **낱말 말하기**　싸움, 싸다　　써, 벌써　　쑤시다, 얼쑤　　쓰다, 쓰레기　　씨앗, 아저씨

122

4 낱말을 읽고 첫소리에 ㅆ이 들어가는 낱말을 찾아 색칠하세요.

쌍둥이　　스키　　썰매　　쌀밥　　싹

싸움

썰다　　썩다　　쓰레기　　씩씩하다　　씨름

쓰기　　씨앗　　쓰르라미　　쌈밥

5 그림을 보고 〈보기〉에서 알맞은 낱말을 찾아 쓰세요.

〈보기〉

씨 쌍 씨 썰

| | 름 | | 매 | | 앗 | | 둥 | 이 |

6 닿소리만 나와 있는 낱말입니다. 홀소리와 받침을 만나 어떤 글자가 만들어질까요?
뜻에 맞게 홀소리와 받침을 써 보세요.

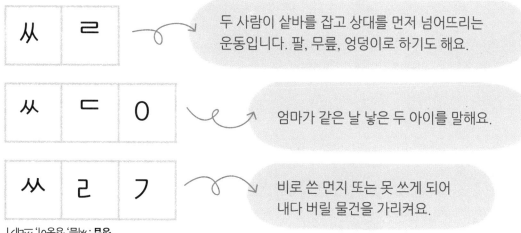

| ㅆ | ㄹ | |

두 사람이 샅바를 잡고 상대를 먼저 넘어뜨리는 운동입니다. 팔, 무릎, 엉덩이로 하기도 해요.

| ㅆ | ㄷ | ㅇ |

엄마가 같은 날 낳은 두 아이를 말해요.

| ㅆ | ㄹ | ㄱ |

비로 쓴 먼지 또는 못 쓰게 되어 내다 버릴 물건을 가리켜요.

정답: 씨름, 쌍둥이, 쓰레기

7 그림을 보고 아래 〈보기〉에서 낱말을 골라 문장을 만들어 보세요.

쏘옥과 쑤욱

보기   쏘옥   쑤욱

⬭ 올라오는 것은 무엇일까요?

땅 위로 얼굴 내민 두더지

봄날의 새싹

나뭇가지의 새순

아가의 앞니 두 개

양말 구멍 뚫고 나온 발가락

⬭ 내려가는 것은 무엇일까요?

갯벌에 몸을 감추는 낙지

갯벌에 더 깊이 들어가는 내 다리

일광욕을 즐기다 발자국 소리에 얼른 집어넣는 자라목

그네가 하늘 높이 올라갈 때 쑤욱 내려앉는 내 심장

8 윗글에서 첫소리나 받침에 ㅆ이 들어간 글자에 동그라미 하세요.
여러 번 소리 내어 읽어 보세요.

124

잇소리  ㅈ

ㅈ

[지읒]이라고 읽습니다.

어디에 쓰일까?	소리	ㅈ이 들어간 낱말
첫소리	[즈]	잠, 저녁, 자장가, 잠자리, 자전거
끝소리(받침)	[읃]	곶감, 낮, 늦잠, 잊다, 찾다, 짖다

ㅈ을 점점 작게 씁니다.
위의 가운데부터 시작합니다.
점점 작아지고 잦아드는 느낌으로 합니다.

 첫소리 **ㅈ** [즈] 소리가 납니다.

1 첫소리 ㅈ을 구별해요.

소리를 듣고 첫소리에서 [즈] 소리가 나면 동그라미 하세요.

한 음절에서 구별하기	가	자	저	지	즈	스
낱말에서 구별하기	잠	제비	강	저녁	자전거	종

2 글자를 써 보세요. 색연필로 순서를 지켜 정성껏 씁니다.

[지읒]이라고
읽습니다.
순서에 맞게
씁니다.

ㅈ					
ㅈ					
ㅈ					

3 ㅈ이 홀소리와 만나면 어떤 글자가 만들어질까요?
바르게 쓰고 소리 내어 읽어 보세요. 만든 글자가 들어간 낱말도 말해 보세요.

	ㅏ	ㅓ	ㅗ	ㅜ	ㅣ
ㅈ					

🌏 **낱말 말하기** | 자랑, 자장가 | 저녁, 저금 | 조심, 조개 | 주인, 주사 | 지붕, 지렁이

4 낱말을 읽고 첫소리에 ㅈ이 들어가는 낱말을 찾아 색칠하세요.

자석 소리 저녁 지렁이 종

점심 악어 강물 잠옷 사랑

자전거 제비 주사 지붕 주유소

5 그림을 보고 〈보기〉에서 알맞은 낱말을 찾아 쓰세요.

〈보기〉
지 저 잠 종

| | 렁 | 이 | | | 녁 | | | 옷 | | |

6 닿소리만 나와 있는 낱말입니다. 홀소리와 받침을 만나 어떤 글자가 만들어질까요?
뜻에 맞게 홀소리와 받침을 써 보세요.

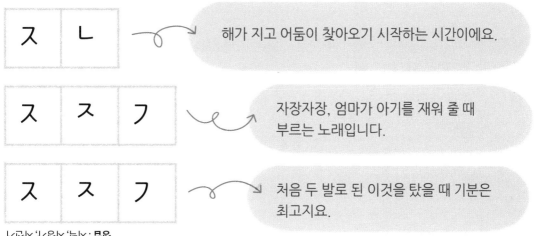

ㅈ ㄴ → 해가 지고 어둠이 찾아오기 시작하는 시간이에요.

ㅈ ㅈ ㄱ → 자장자장, 엄마가 아기를 재워 줄 때 부르는 노래입니다.

ㅈ ㅈ ㄱ → 처음 두 발로 된 이것을 탔을 때 기분은 최고지요.

정답 : 저녁, 자장가, 자전거

ㅈ 받침 받침에서 **[읃]** 소리가 납니다.

7 받침 ㅈ 소리를 구별해요.

소리를 듣고 **ㅈ받침**이 있으면서 **[읃]** 소리가 나면 동그라미 하세요.

한 음절에서 구별하기	낮	난	날	잊	일	젖
낱말에서 구별하기	낮잠	맞다	늦잠	늑대	잊다	일기

8 가로줄에 있는 글자와 받침 ㅈ이 만나면 어떤 글자가 만들어질까요?
바르게 쓰고 소리 내어 읽어 보세요. 만든 글자가 들어간 낱말도 말해 보세요.

	가	나	마	차	이
ㅈ					

🔊 낱말 말하기   갖다, 갖가지   낮, 낮잠   맞다, 맞은편   찾다   잊다

9 글자 받침에 ㅈ을 붙였다 뗐다 할 때마다 소리와 뜻이 달라져요.
함께 소리 내어 읽어 보세요.

받침이 없어요	차다	찌다	이다	나
받침이 생겼어요	찾다	찢다	잊다	낮

10 낱말을 읽고 글자 받침에 ㅈ이 들어가는 낱말을 찾아 색칠하세요.

늦잠   잊다   색   찾다   악수

맞추기   갖다   젖소   길   꾸짖다

벚꽃   맞다   짓다   낮잠   낮다

11 그림을 보고 〈보기〉에서 알맞은 ㅈ받침 낱말을 골라 문장을 완성하세요.

〈보기〉

보물찾기   찢어져

는 재미있어요.   그림이   속상해요.

12 그림을 보고 아래 〈보기〉에서 낱말을 골라 문장을 만들어 보세요.

조용한 가족 ㅈ

보기　　저녁　잠　조용

해가 저물면

◯◯◯ 이 오고요

저녁이 오면

◯◯ 도 오고요

잠을 자면

◯◯◯ 해져요.

저녁과 잠과 조용은

조용한 가족인가 봐요.

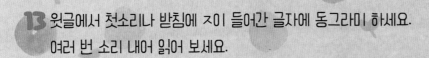

13 윗글에서 첫소리나 받침에 ㅈ이 들어간 글자에 동그라미 하세요.
여러 번 소리 내어 읽어 보세요.

잇소리 ㅉ

어디에 쓰일까?	소리	ㅉ이 들어간 낱말
첫소리	[쯔]	짝, 찌개, 쪽지, 찐빵
끝소리(받침)		끝소리로 쓰이지 않습니다.

첫소리 ㅉ [쯔] 소리가 납니다.

1 첫소리 ㅉ을 구별해요.

소리를 듣고 첫소리에서 [쯔] 소리가 나면 동그라미 하세요.

한 음절에서 구별하기	짜	자	싸	쯔	스	쩌
낱말에서 구별하기	짝꿍	장구	쪽	장미	짜다	쫑긋

2 글자를 써 보세요. 색연필로 순서를 지켜 정성껏 씁니다.

ㅉ					

[쌍지읒]이라고 읽습니다. ㅈ을 두 번 씁니다.

3 ㅉ이 홀소리와 만나면 어떤 글자가 만들어질까요?
바르게 쓰고 소리 내어 읽어 보세요. 만든 글자가 들어간 낱말도 말해 보세요.

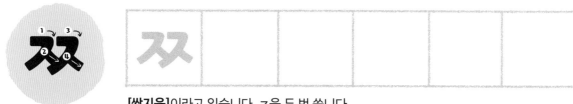

	ㅏ	ㅗ	ㅜ	ㅡ	ㅣ
ㅉ					

🔵 **낱말 말하기**   짜다, 짜증   쪼개다, 쪼다   쭈글쭈글, 쭈꾸미   쯧쯧   찌꺼기

4 낱말을 읽고 첫소리에 ㅉ이 들어가는 낱말을 찾아 색칠하세요.

왼쪽   찍기   가짜   날짜   짝짜꿍

골짜기   짜증   찌꺼기   베짱이

찐빵

오른쪽   뺄셈   딱지

5 그림을 보고 〈보기〉에서 알맞은 낱말을 찾아 쓰세요.

〈보기〉

짝 찐 짱 짜

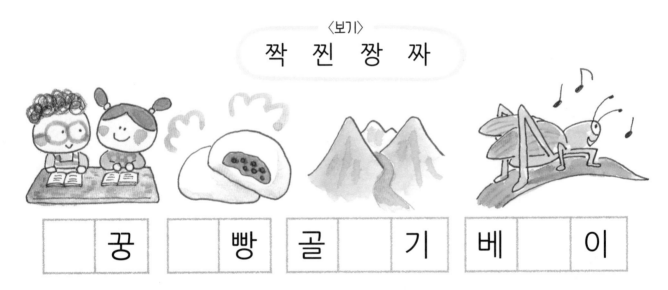

| | 궁 | | 빵 | 골 | | 기 | 베 | | 이 |

6 닿소리만 나와 있는 낱말입니다. 홀소리와 받침을 만나 어떤 글자가 만들어질까요?
뜻에 맞게 홀소리와 받침을 써 보세요.

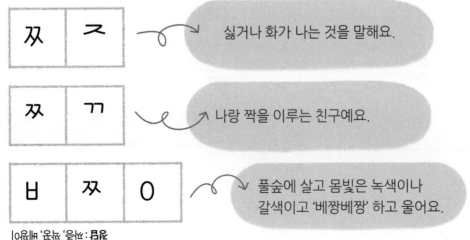

| ㅉ | ㅈ |

→ 싫거나 화가 나는 것을 말해요.

| ㅉ | ㄲ |

→ 나랑 짝을 이루는 친구예요.

| ㅂ | ㅉ | ㅇ |

→ 풀숲에 살고 몸빛은 녹색이나 갈색이고 '베짱베짱' 하고 울어요.

정답: 짜증, 짝꿍, 베짱이

7 그림을 보고 아래 〈보기〉에서 낱말을 골라 문장을 만들어 보세요.

짝

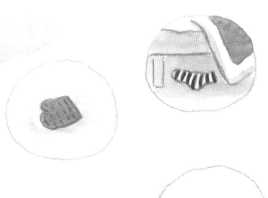

보기 장갑 한 짝   양말 한 짝   신발 한 짝
젓가락 한 짝   장화 한 짝

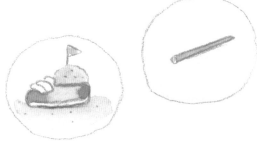

짝꿍이 안 온 날은 힘이 없어요.

눈밭에 떨어뜨린

침대 밑에서 혼자 구를

놀이터 모래를 뒤집어쓴

식탁 밑의

화분으로 변신한 노란

짝꿍이 안 온 날

짝을 잃은 것들을 생각해요.

8 윗글에서 첫소리에 ㅉ이 들어간 글자에 동그라미 하세요.
여러 번 소리 내어 읽어 보세요. 받침에 ㅉ이 쓰이지 않습니다.

잇소리

ㅊ

어디에 쓰일까?	소리	ㅊ이 들어간 낱말
첫소리	[츠]	차, 초, 축구, 창문, 참새, 참외, 춤
끝소리(받침)	[읃]	햇빛, 쫓다, 숯, 꽃, 윷

ㅊ

[치읓]이라고 읽습니다.

ㅊ을 점점 크게 씁니다.
왼쪽 아래에서 시작하여 오른쪽 위로 점점 크게 씁니다.
여러 가지 색깔의 크레파스로 해 봅니다.

첫소리 ㅊ [츠] 소리가 납니다.

1 첫소리 ㅊ을 구별해요.

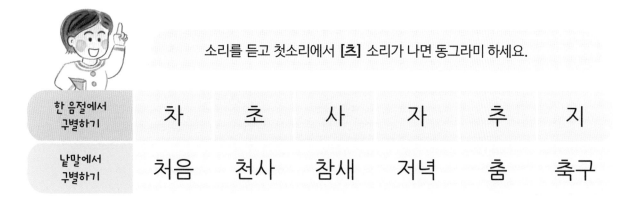

소리를 듣고 첫소리에서 [츠] 소리가 나면 동그라미 하세요.

한 음절에서 구별하기	차	초	사	자	추	지
낱말에서 구별하기	처음	천사	참새	저녁	춤	축구

2 글자를 써 보세요. 색연필로 순서를 지켜 정성껏 씁니다.

ㅊ

[치읓]이라고
읽습니다.
순서에 맞게
씁니다.

ㅊ					
ㅊ					
ㅊ					

3 ㅊ이 홀소리와 만나면 어떤 글자가 만들어질까요?
바르게 쓰고 소리 내어 읽어 보세요. 만든 글자가 들어간 낱말도 말해 보세요.

	ㅏ	ㅓ	ㅗ	ㅜ	ㅣ
ㅊ					

🔵 낱말 말하기   차례, 차표   처음, 처마   초대, 초가집   추석, 추억   치과, 치마

4 낱말을 읽고 첫소리에 ㅊ이 들어가는 낱말을 찾아 색칠하세요.

천사   소리   저녁   참새   차

치과   창문   축구   칭찬   지구

자전거   치마   촛불   지붕   초승달

5 그림을 보고 〈보기〉에서 알맞은 낱말을 찾아 쓰세요.

〈보기〉

치 축 참 초

	마

	승	달

	새

	구

6 닿소리만 나와 있는 낱말입니다. 홀소리와 받침을 만나 어떤 글자가 만들어질까요?
뜻에 맞게 홀소리와 받침을 써 보세요.

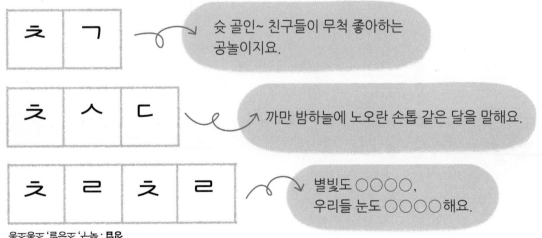

ㅊ	ㄱ

숫 골인~ 친구들이 무척 좋아하는 공놀이지요.

ㅊ	ㅅ	ㄷ

까만 밤하늘에 노오란 손톱 같은 달을 말해요.

ㅊ	ㄹ	ㅊ	ㄹ

별빛도 ○○○○,
우리들 눈도 ○○○○해요.

정답: 축구, 초승달, 초롱초롱

136

ㅊ 받침 받침에서 [읃] 소리가 납니다.

7 받침 ㅊ 소리를 구별해요.

소리를 듣고 **ㅊ받침**이 있으면서 [읃] 소리가 나면 동그라미 하세요.

한 음절에서 구별하기	꽃	꼰	몋	멸	빛	빈
낱말에서 구별하기	꽃집	꼴뚜기	돛단배	돌단풍	낯설다	낙서

8 가로줄에 있는 글자와 받침 ㅊ이 만나면 어떤 글자가 만들어질까요?
바르게 쓰고 소리 내어 읽어 보세요. 만든 글자가 들어간 낱말도 말해 보세요.

	꼬	유	다	비	수
ㅊ					

낱말 말하기　꽃, 꽃밭　　윷놀이　　닻　　빛, 햇빛　　숯불

9 글자 받침에 ㅊ을 붙였다 뗐다 할 때마다 소리와 뜻이 달라져요.
함께 소리 내어 읽어 보세요.

받침이 없어요	비	수	쪼다	나
받침이 생겼어요	빛	숯	쫓다	낯

10 낱말을 읽고 글자 받침에 ㅊ이 들어가는 낱말을 찾아 색칠하세요.

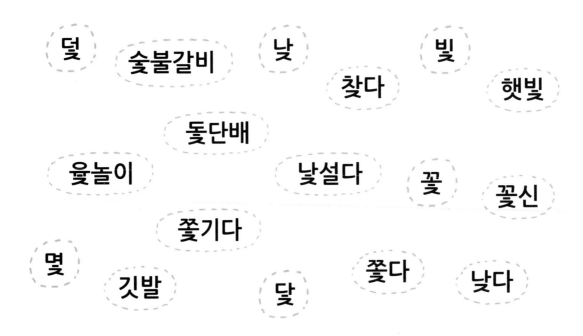

덫   숯불갈비   낮   빛

찾다   햇빛

돛단배

윷놀이   낯설다   꽃   꽃신

쫓기다

몇   깃발   닻   쫓다   낮다

11 그림을 보고 〈보기〉에서 알맞은 ㅊ받침 낱말을 골라 문장을 완성하세요.

〈보기〉

윷놀이   쫓아가요

멍멍

_____는 재미있어요.   강아지가 고양이를 _____.

바람 부는 밤

보기　찰싹찰싹　총총히　출렁출렁　천천히

바람이 세차게 부는 밤

나무는　　　　　　창문에 부딪치고

창문은 덜컹덜컹 몸을 떨고

별은　　　　발걸음을 재촉하고

구름은　　　　　빠르게 흐르는데

그래도 달은　　　　흘러가요.

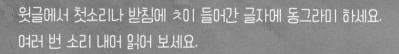

윗글에서 첫소리나 받침에 ㅊ이 들어간 글자에 동그라미 하세요.
여러 번 소리 내어 읽어 보세요.

잇소리 말놀이

ㅅ ㅆ ㅈ ㅉ ㅊ

잘했나요? 😄 🙂 😐

〈보기〉에 있는 낱말을 찾아 동그라미하세요.

초	콜	릿	재	채	기	초	록	색	신	천	사
사	자	초	등	학	교	가	순	종	소	리	춤
과	동	새	싹	창	문	집	썰	매	잠	설	책
줄	넘	기	쏠	초	조	해	소	쏠	옷	쌀	살
짜	증	나	이	주	용	쪽	문	쏠	짝	꿍	작
릿	소	초	서	운	해	지	루	해	죽	축	제
해	숏	대	점	치	약	각	칫	솔	살	구	목

〈 보기 〉

초콜릿, 재채기, 초등학교, 초록색, 초가집, 창문, 천사, 새싹, 싹쓸이, 종소리, 춤, 잠옷, 썰매, 소문, 설, 책, 쌀, 살, 짝꿍, 사자, 줄넘기, 서운해, 서점, 치약, 사과, 쪽문, 지루해, 지각, 칫솔, 쓸쓸해, 짜증, 짜릿해, 숏대, 초대, 조용해, 초조해, 축구, 축제, 제목, 살구

140

숨은그림찾기

다음 그림에서 〈보기〉에 있는 낱말의 그림을 찾아 동그라미 하세요.

〈 보기 〉

오징어, 야구공, 연필, 종이배, 버섯, 봉투, 아이스크림, 깃발, 사다리, 사탕

목구멍소리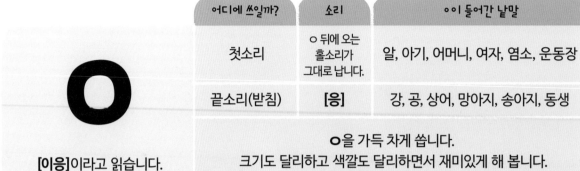

	어디에 쓰일까?	소리	ㅇ이 들어간 낱말
O	첫소리	ㅇ 뒤에 오는 홀소리가 그대로 납니다.	알, 아기, 어머니, 여자, 염소, 운동장
[이응]이라고 읽습니다.	끝소리(받침)	**[응]**	강, 공, 상어, 망아지, 송아지, 동생

O을 가득 차게 씁니다.
크기도 달리하고 색깔도 달리하면서 재미있게 해 봅니다.

목구멍소리

142

첫소리 ㅇ 홀소리 소리가 그대로 납니다.

1 첫소리 ㅇ을 구별해요.

소리를 듣고 첫소리 ㅇ 뒤에 오는 홀소리가 그대로 나면 동그라미 하세요.

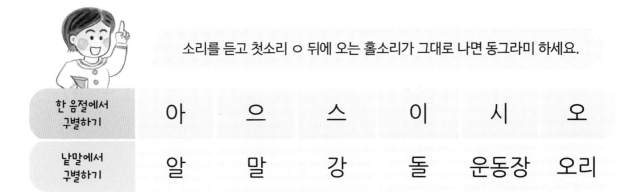

| 한 음절에서 구별하기 | 아 | 으 | 스 | 이 | 시 | 오 |

| 낱말에서 구별하기 | 알 | 말 | 강 | 돌 | 운동장 | 오리 |

2 글자를 써 보세요. 색연필로 순서를 지켜 정성껏 씁니다.

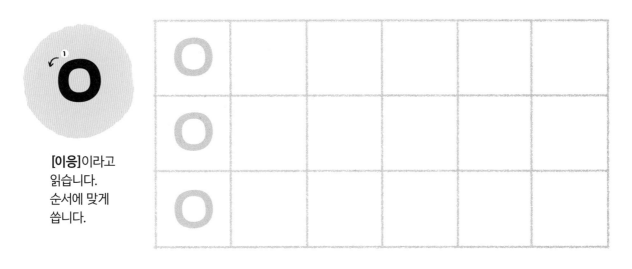

[이응]이라고 읽습니다. 순서에 맞게 씁니다.

3 ㅇ이 홀소리와 만나면 어떤 글자가 만들어질까요?
바르게 쓰고 소리 내어 읽어 보세요. 만든 글자가 들어간 낱말도 말해 보세요.

	ㅑ	ㅕ	ㅛ	ㅠ	ㅣ
ㅇ					

🔵 **낱말 말하기**   야구, 야단   여우, 여덟   요리, 요가   유리, 유치원   이사, 이끼

4 낱말을 읽고 첫소리에 ㅇ이 들어가는 낱말을 찾아 색칠하세요.

안개 소리 모래 양 연 물

이끼 악어 아기 살 염소 사랑

소나기 이불 사막 여덟 새 아리랑

5 그림을 보고 〈보기〉에서 알맞은 낱말을 찾아 쓰세요.

〈보기〉
양 당 공 장

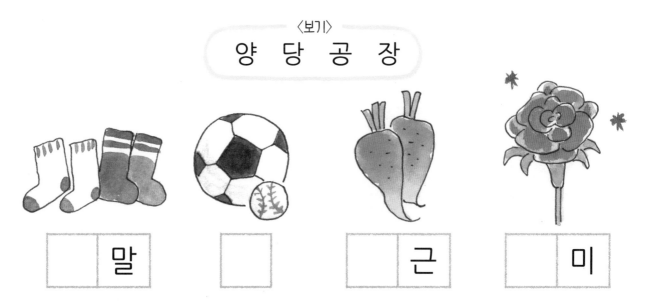

| | 말 |

| | |

| | 근 |

| | 미 |

6 닿소리만 나와 있는 낱말입니다. 홀소리와 받침을 만나 어떤 글자가 만들어질까요?
뜻에 맞게 홀소리와 받침을 써 보세요.

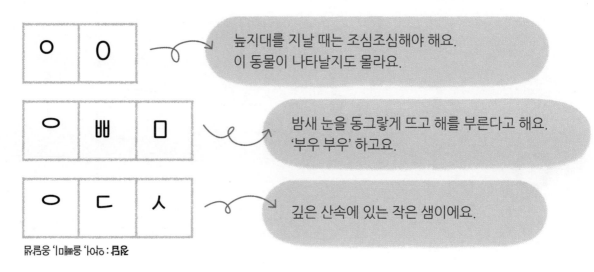

| ㅇ | ㅇ |

늪지대를 지날 때는 조심조심해야 해요.
이 동물이 나타날지도 몰라요.

| ㅇ | ㅃ | ㅁ |

밤새 눈을 동그랗게 뜨고 해를 부른다고 해요.
'부우 부우' 하고요.

| ㅇ | ㄷ | ㅅ |

깊은 산속에 있는 작은 샘이에요.

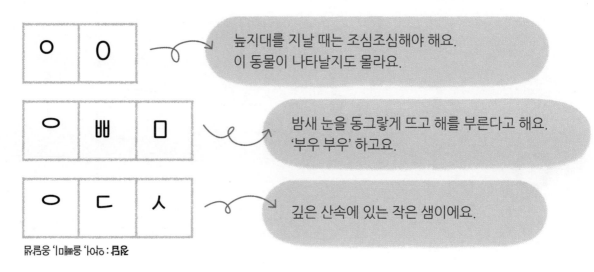

정답 : 악어, 양말, 공, 당근, 장미

ㅇ 받침 받침에서 [응] 소리가 납니다.

7 받침 ㅇ 소리를 구별해요.

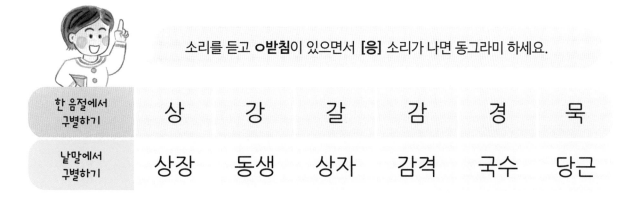

소리를 듣고 **ㅇ받침**이 있으면서 [응] 소리가 나면 동그라미 하세요.

한 음절에서 구별하기	상	강	갈	감	경	묵
낱말에서 구별하기	상장	동생	상자	감격	국수	당근

8 가로줄에 있는 글자와 받침 ㅇ이 만나면 어떤 글자가 만들어질까요?
바르게 쓰고 소리 내어 읽어 보세요. 만든 글자가 들어간 낱말도 말해 보세요.

	가	다	라	바	사
ㅇ					

🔊 **낱말 말하기**   강, 강아지   당근, 당장   사랑, 명랑   방법, 방귀   상장, 밥상

9 글자 받침에 ㅇ을 붙였다 뗐다 할 때마다 소리와 뜻이 달라져요.
함께 소리 내어 읽어 보세요.

받침이 없어요	초	사자	코	고기
받침이 생겼어요	총	상자	콩	공기

10 낱말을 읽고 글자 받침에 ㅇ이 들어가는 낱말을 찾아 색칠하세요.

강물 당근 잠 상장 공 송아지

엉덩이 씨름 멋 동생 맛

공기

병원 총 방귀

깃발 강낭콩

11 그림을 보고 〈보기〉에서 알맞은 ㅇ받침 낱말을 골라 문장을 완성하세요.

〈보기〉
생일 공룡

새 달력에 내 　　　　　 이 들어 있다.　　　 나는 　　　　　 이 좋아요.

12 그림을 보고 아래 〈보기〉에서 낱말을 골라 문장을 만들어 보세요.

받침 찾아 길을 나서요

보기   공 양 방 빵 콩

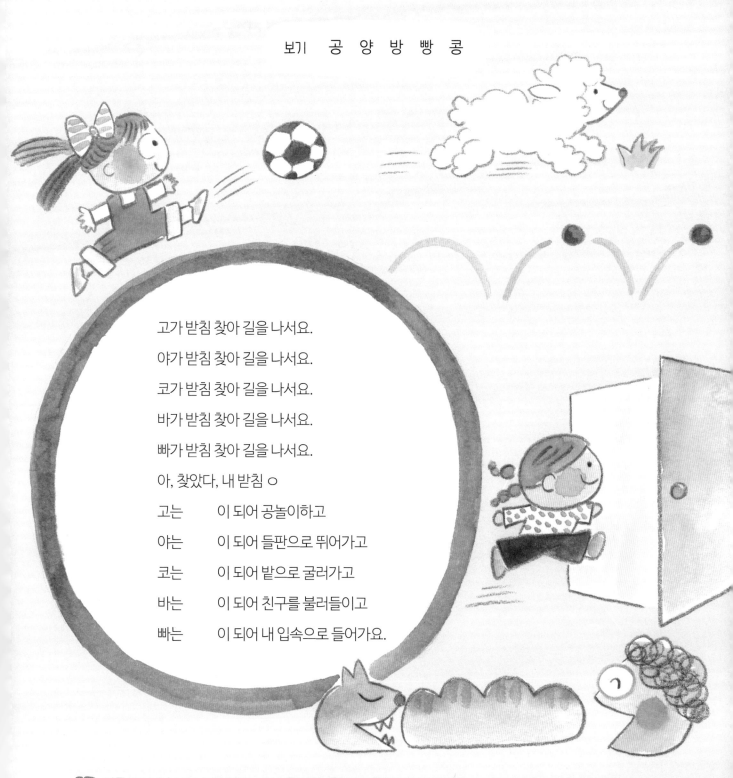

고가 받침 찾아 길을 나서요.

야가 받침 찾아 길을 나서요.

코가 받침 찾아 길을 나서요.

바가 받침 찾아 길을 나서요.

빠가 받침 찾아 길을 나서요.

아, 찾았다, 내 받침 ㅇ

고는   이 되어 공놀이하고

야는   이 되어 들판으로 뛰어가고

코는   이 되어 밭으로 굴러가고

바는   이 되어 친구를 불러들이고

빠는   이 되어 내 입속으로 들어가요.

13 윗글에서 첫소리나 받침에 ㅇ이 들어간 글자에 동그라미 하세요.
여러 번 소리 내어 읽어 보세요.

목구멍소리 ㅎ

ㅎ

[히읗]이라고 읽습니다.

어디에 쓰일까?	소리	ㅎ이 들어간 낱말
첫소리	[흐]	해, 하늘, 하느님, 하나, 할아버지
끝소리(받침)	[읃]	좋다, 낳다, 놓다, 찧다, 닿다, 하얗다

ㅎ을 동그라미 모양으로 씁니다.
여러 가지 색깔의 크레파스로 해 봅니다.

첫소리 ㅎ [흐] 소리가 납니다.

1 첫소리 ㅎ을 구별해요.

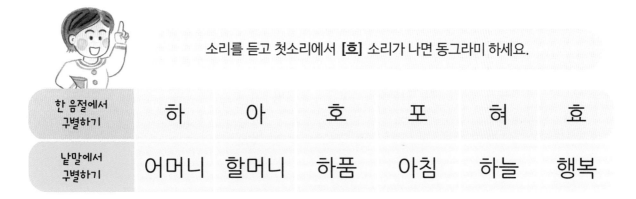

소리를 듣고 첫소리에서 [흐] 소리가 나면 동그라미 하세요.

한 음절에서 구별하기	하	아	호	포	혀	효
낱말에서 구별하기	어머니	할머니	하품	아침	하늘	행복

2 글자를 써 보세요. 색연필로 순서를 지켜 정성껏 씁니다.

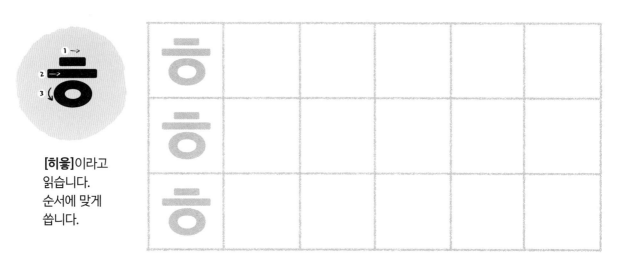

[히읗]이라고
읽습니다.
순서에 맞게
씁니다.

3 ㅎ이 홀소리와 만나면 어떤 글자가 만들어질까요?
바르게 쓰고 소리 내어 읽어 보세요. 만든 글자가 들어간 낱말도 말해 보세요.

ㅏ	ㅓ	ㅗ	ㅜ	ㅛ
ㅎ				

낱말 말하기

하품, 하늘 / 허리, 허수아비 / 호랑이, 호두 / 후회, 후배 / 효자, 효녀

149

4 낱말을 읽고 첫소리에 ㅎ이 들어가는 낱말을 찾아 색칠하세요.

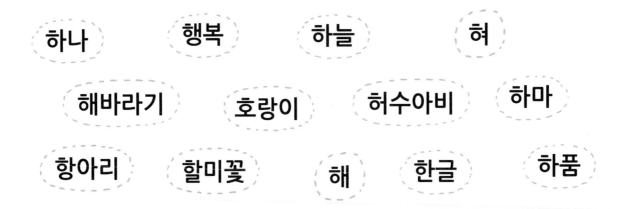

하나 행복 하늘 혀

해바라기 호랑이 허수아비 하마

항아리 할미꽃 해 한글 하품

5 그림을 보고 〈보기〉에서 알맞은 낱말을 찾아 쓰세요.

〈보기〉

호 하 황 하

아하암~

	늘			랑	이		소			품

6 닿소리만 나와 있는 낱말입니다. 홀소리와 받침을 만나 어떤 글자가 만들어질까요? 뜻에 맞게 홀소리와 받침을 써 보세요.

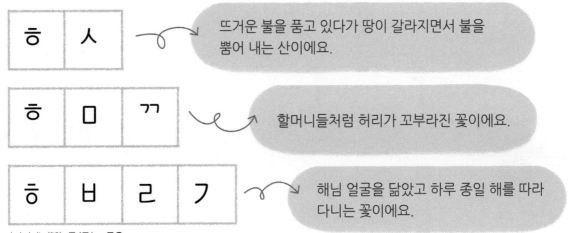

ㅎ	ㅅ

뜨거운 불을 품고 있다가 땅이 갈라지면서 불을 뿜어 내는 산이에요.

ㅎ	ㅁ	ㄲ

할머니들처럼 허리가 꼬부라진 꽃이에요.

ㅎ	ㅂ	ㄹ	ㄱ

해님 얼굴을 닮았고 하루 종일 해를 따라 다니는 꽃이에요.

정답: 화산, 할미꽃, 해바라기

150

받침 받침에서 [읃] 소리가 납니다.

7 받침 ㅎ 소리를 구별해요.

ㅎ받침은 뒤에 오는 닿소리에 따라 뒤의 소리를 변하게 하거나 소리가 나지 않아요.

뒷소리를 변화시켜요	놓다	좋고	쌓다	낳다	닿다
ㅎ소리가 나지 않아요	놓아요	좋아요	쌓아서	낳은	닿아서

8 가로줄에 있는 글자와 받침 ㅎ이 만나면 어떤 글자가 만들어질까요?
바르게 쓰고 소리 내어 읽어 보세요. 만든 글자가 들어간 낱말도 말해 보세요.

	나	너	노	다	조
ㅎ					

🌀 **낱말 말하기**   낳다   넣다   놓다, 놓치다   닿다   좋다

9 글자 받침에 ㅎ을 붙였다 뗐다 할 때마다 소리와 뜻이 달라져요.
함께 소리 내어 읽어 보세요.

받침이 없어요	나다	너다	싸다	찌다
받침이 생겼어요	낳다	넣다	쌓다	찧다

10 낱말을 읽고 글자 받침에 ㅎ이 들어가는 낱말을 찾아 색칠하세요.

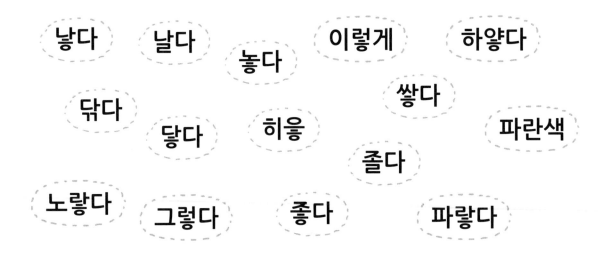

낳다　날다　놓다　이렇게　하얗다
닦다　닿다　히읗　쌓다　파란색
졸다
노랗다　그렇다　좋다　파랗다

11 그림을 보고 〈보기〉에서 알맞은 ㅎ받침 낱말을 골라 문장을 완성하세요.

〈보기〉
파랗다　닿을

오늘은 하늘이 _____.　구름이 손에 _____ 듯이 떠간다.

152

12 그림을 보고 아래 〈보기〉에서 낱말을 골라 문장을 만들어 보세요.

ㅎ마을

보기　하늘　해님　행복　할미꽃　해바라기
하하　호호　히히　흑흑　훌쩍훌쩍

ㅎ마을에는 누가 누가 살까요?

　　,　　　,　　　　처럼 환한 것들이 살고요,

　　,　　　　예쁜 꽃들도 살아요.

　　,　　　,　　　웃음꽃들도 살고요,

　　,　　　마음 씻겨 주는 눈물꽃도 살아요.

13 윗글에서 첫소리나 받침에 ㅎ이 들어간 글자에 동그라미 하세요.
여러 번 소리 내어 읽어 보세요.

목구멍소리 말놀이

ㅇ ㅎ

〈보기〉에 있는 낱말을 찾아 동그라미하세요.

해	바	라	기	하	늘	호	랑	나	비	이	웃
님	소	허	수	아	비	박	놀	옹	용	울	음
회	오	리	행	가	응	흥	부	향	기	을	오
해	왕	성	운	미	하	루	살	이	항	아	리
수	비	호	웅	혀	모	은	행	할	아	버	지
욕	희	엉	덩	이	니	인	어	머	니	효	자
장	윷	놀	이	인	카	형	님	니	호	녀	효

〈 보기 〉

해바라기, 하늘, 해님, 회오리, 행운, 허수아비, 허리, 아가미, 해수욕장, 해왕성,
왕비, 엉덩이, 웅덩이, 윷놀이, 호박, 호랑나비, 이웃, 웃음, 울음, 용기, 하모니카,
은행, 은인, 할아버지, 할머니, 어머니, 흥부, 놀부, 향기, 하루살이, 항아리, 오리,
효자, 효녀, 형님

다른 그림 찾기

두 그림에서 다른 곳 5곳을 찾아 아래의 그림에 동그라미 하세요.

4

조금 어려운 소리와 글자를 배워요

복모음
ㅐ ㅔ

복모음
ㅒ ㅖ

복모음
ㅙ ㅞ

복모음
ㅘ ㅝ

복모음
ㅚ ㅟ ㅢ

겹받침
ㄳ ㅄ

겹받침
ㄵ ㄶ

겹받침
ㄺ ㄻ

겹받침
ㄽ ㄾ ㅀ

복모음 ㅐ ㅔ

1 소리와 글자

	어떻게 만들었을까?	소리	어떤 낱말이 있을까?
ㅐ	ㅏ + ㅣ	[애]	개미, 앵두, 배, 새, 해, 애벌레, 재미
ㅔ	ㅓ + ㅣ	[에]	누에, 에너지, 메아리, 게, 세기, 헤엄

소리를 구별해 보세요.
[애] 소리가 나면 동그라미, **[에]** 소리가 나면 세모 하세요.

애벌레	세모	배	대나무	네모	앵두	꽃게
개미	새벽	에너지	매미	앵무새	노래	세상
재미	세계	해바라기	개구리	새우	베짱이	쓰레기

2 글자를 써 보세요. 색연필로 순서를 지켜 정성껏 씁니다.

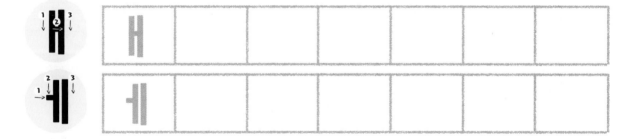

ㅐ						
ㅔ						

3 닿소리와 만나 만들어진 글자를 써 보세요. 만든 글자가 들어간 낱말도 말해 보세요.

	ㄱ	ㄷ	ㄹ	ㅁ	ㅅ	ㅎ
ㅐ						
낱말 말하기	개미, 개구리	기대, 대학	갈래, 노래	매듭, 매미	새우, 새벽	해님, 해치다
ㅔ						
낱말 말하기	꽃게, 게으름	그런데, 데우다	벌레, 걸레	메뚜기, 메다	세수, 세탁기	헤엄, 헤어지다

158

4 ㅐ, ㅔ를 넣어 낱말을 완성하세요.

| ㄱ | 구 | 리 | | ㅎ | 엄 | | ㄴ | 모 | | ㄷ | 문 | | ㅅ | 모 |

5 틀린 글자를 바르게 고쳐 문장을 완성하세요.

새수   고양이가 앞발을 들어   를 합니다.

새모   나는 종합장에   를 그렸어요.

어께   짝꿍은   를 으쓱했습니다.

베게   나는   를 안고 엄마한테 갔어요.

6 다음 시를 따라 읽어 보세요. ㅐ, ㅔ가 들어간 낱말에 동그라미 하세요.

개똥벌레

전래 동요

개똥벌레 똥똥
개똥벌레 똥똥
우리 집에 불 없다
날래 와서 밝혀라
개똥벌레 똥똥
개똥벌레 똥똥

복모음 ㅒ ㅖ

1 소리와 글자

	어떻게 만들었을까?	소리	어떤 낱말이 있을까?
ㅒ	ㅑ + ㅣ	**[이애]** (이를 짧게)	얘기, 얘, 걔, 쟤
ㅖ	ㅕ + ㅣ	**[이에]** (이를 짧게)	예식장, 예술, 계절, 예쁘다, 옛날

소리를 구별해 보세요.
[얘] 소리가 나면 동그라미, **[예]** 소리가 나면 세모 하세요.

세계	옛날	예절	차례	계곡	식혜	계란
지혜	예방주사	얘기	은혜	계획	예술	예의
걔	시계	쟤	예쁘다	계단	계절	예능

2 글자를 써 보세요. 색연필로 순서를 지켜 정성껏 씁니다.

ㅒ						

ㅖ						

3 닿소리와 만나 만들어진 글자를 써 보세요. 만든 글자가 들어간 낱말도 말해 보세요.

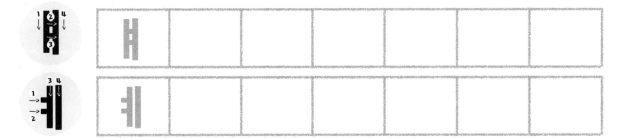

	ㄱ	ㄹ	ㅇ	ㅎ
ㅒ				
🔊 낱말 말하기	걔		얘기, 얘	
ㅖ				
🔊 낱말 말하기	시계, 계단	차례	예술, 옛날	지혜, 은혜

160

4 ㅒ, ㅖ를 넣어 낱말을 완성하세요.

| ㄱ | 절 | 식 | ㅎ | ㄱ | 단 | ㅇ | 술 | 차 | ㄹ |

5 틀린 글자를 바르게 고쳐 문장을 완성하세요.

개단	을 오르고 내릴 때는 뛰지 않아요.
식해	할머니의 ＿＿＿＿＿ 는 달콤하고 시원해요.
애야	＿＿＿＿＿, 박물관에서 뛰면 안 돼.
개절	＿＿＿＿＿ 이 바뀌면 사람들의 옷차림이 변해요.

6 다음 시를 따라 읽어 보세요. ㅖ가 들어간 낱말에 동그라미 하세요.

시계

시계는 아침부터 똑딱똑딱
시계는 아침부터 똑딱똑딱
언제나 같은 소리 똑딱똑딱
쉬지 않고 가지요.

복모음 ㅙ ㅞ

1 소리와 글자

	어떻게 만들었을까?	소리	어떤 낱말이 있을까?
ㅙ	ㅘ + ㅣ	[오애] (오를 짧게)	왜가리, 왜냐하면
ㅞ	ㅝ + ㅣ	[우에] (우를 짧게)	웨딩드레스, 웬일, 웬만하다

소리를 구별해 보세요.
[왜] 소리가 나면 동그라미, [웨] 소리가 나면 세모 하세요.

왜가리	퉤퉤	왜냐하면	훼방	웨딩드레스	괘씸하다	꽹과리
괜히	돼지	횃불	웬만큼	상쾌해	웬 떡이야?	쇄골
왜?	통쾌해	안 돼!	왠지	괜찮아	쐐기	스웨터

2 글자를 써 보세요. 색연필로 순서를 지켜 정성껏 씁니다.

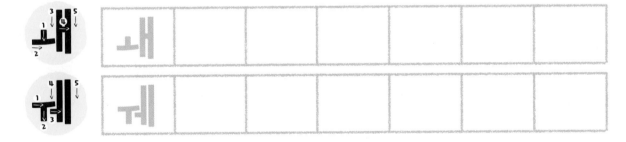

ㅙ						

ㅞ						

3 닿소리와 만나 만들어진 글자를 써 보세요. 만든 글자가 들어간 낱말도 말해 보세요.

	ㄱ	ㄷ	ㅋ	ㅇ	ㅎ
ㅙ					
🔵 낱말 말하기	괭이, 괜찮다	돼지	상쾌, 불쾌	왜냐하면, 왜가리	횃불
ㅞ					
🔵 낱말 말하기	궤도			스웨터	훼방

4 ㅙ, ㅞ를 넣어 낱말을 완성하세요.

| 스 | | 터 | ㄲ | 과 | 리 | ㄷ | | 지 | ㅎ | | 불 |

5 틀린 글자를 바르게 고쳐 문장을 완성하세요.

깩깩	오리들이 _____ 거리며 소풍을 갑니다.
대지	아기 _____ 삼형제는 각자 집을 지어요.
에딩드레스	이모는 _____ 를 입고 있었어요.
홰방	숙제를 하는 내 옆에서 동생이 자꾸 _____ 놔요.

6 다음 시를 따라 읽어 보세요. ㅙ, ㅞ가 들어간 낱말에 동그라미 하세요.

오리들의 훼방꾼

오리들이 사이좋게 노래합니다.
꽉꽉 꽉꽉꽉
돼지들도 질세라 노래합니다.
꿀꿀 꿀꿀꿀

오리들은 훼방꾼을 피해
연못으로 들어가며
꽉꽉 꽉꽉꽉

복모음 과 ㅝ

1 소리와 글자

	어떻게 만들었을까?	소리	어떤 낱말이 있을까?
ㅘ	ㅗ + ㅏ	**[오아]** (오를 짧게)	왕, 왕비, 왕눈이, 완전하다, 기와
ㅝ	ㅜ + ㅓ	**[우어]** (우를 짧게)	원숭이, 원시인, 소원, 월요일

소리를 구별해 보세요.
[와] 소리가 나면 동그라미, **[워]** 소리가 나면 세모 하세요.

기와	고마워	원숭이	월급	소원	왕눈이	병원
월요일	왕비	권투	화가	원두막	과학자	황금
유치원	훨훨	이리 와	왕	태권도	망원경	과일

2 글자를 써 보세요. 색연필로 순서를 지켜 정성껏 씁니다.

과

ㅝ

3 닿소리와 만나 만들어진 글자를 써 보세요. 만든 글자가 들어간 낱말도 말해 보세요.

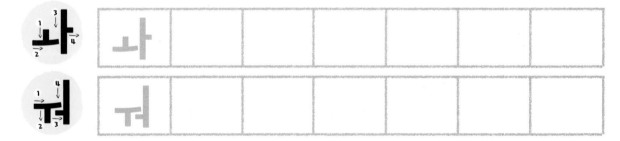

	ㄱ	ㅇ	ㅈ	ㅁ	ㅎ
ㅘ					
🙂 낱말 말하기	과일, 소방관	왕, 기와	좌석, 좌측		화요일, 화산
ㅝ					
🙂 낱말 말하기	권장, 권투	원숭이, 원장	줘	뭐	훨훨

164

4 과, 궈를 넣어 낱말을 완성하세요.

| ㄱ | 일 |

| ㅎ | 가 |

| 장 | ㅎ |

| 소 | 방 | ㄱ |

5 틀린 글자를 바르게 고쳐 문장을 완성하세요.

장하	비 오는 날에는 _____ 를 신고 학교에 갑니다.
하산	펑펑 _____ 이 터집니다.
언숭이	_____ 가 나를 보고 혀를 내밀었어요.
고마어	보건실에 같이 가 줘서 _____ !

6 다음 시를 따라 읽어 보세요. 궈가 들어간 낱말에 동그라미 하세요.

나도 태워 줘

보리 아기 그림책

꼬꼬댁 꼬꼬꼬	나도 태워 줘
꽥꽥꽥 꽥꽥꽥	나도 태워 줘
깡충깡충	나도 태워 줘
멍멍멍멍	나도 태워 줘
꿀꿀꿀꿀	나도 태워 줘
음머어 음머어	내가 태워 줄게

165

복모음 ㅚ ㅟ ㅢ

1 소리와 글자

	어떻게 만들었을까?	소리	어떤 낱말이 있을까?
ㅚ	ㅗ + ㅣ	[외]	외양간, 외갓집, 외식, 왼쪽, 참외
ㅟ	ㅜ + ㅣ	[위]	위험, 위층, 위치, 주사위, 윗옷
ㅢ	ㅡ + ㅣ	[으이] (으를 짧게)	의자, 의사, 의심, 의견, 의젓하다

소리를 구별해 보세요.
[외] 소리가 나면 동그라미, [위] 소리가 나면 세모,
[의] 소리가 나면 네모 하세요.

의자	참외	위험	외갓집	주사위	의리	바위
위치	왼쪽	의사	주위	위로	위성	외양간
외톨이	의견	외식	사위	의심	가위	외할머니
위	위인	외교관	의원	외모	의무	의지

2 글자를 써 보세요. 색연필로 순서를 지켜 정성껏 씁니다.

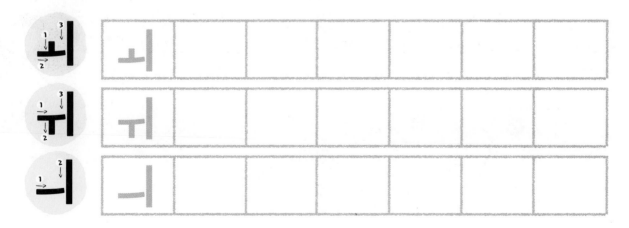

166

3 닿소리와 만나 만들어진 글자를 써 보세요. 만든 글자가 들어간 낱말도 말해 보세요.

	ㄱ	ㄸ	ㅇ	ㅅ	ㅈ	ㅎ
ㅚ						
🔵 낱말말하기	괴물, 괴로워	뙤약볕	외톨이, 외출	열쇠, 쇠구슬	죄수, 죄인	회오리, 회사
ㅟ						
🔵 낱말말하기	방귀, 귀신	뛰기	위기, 위험	쉬다, 쉼터	쥐, 다람쥐	휘파람, 지휘
ㅢ						
🔵 낱말말하기		띄어쓰기	의견, 의리			희망, 희생

4 틀린 글자를 바르게 고쳐 문장을 완성하세요.

해사	엄마는 날마다 _____ 에 갑니다.
애양간	_____ 에는 황소가 쥐들과 사이좋게 잠들어 있어요.
히파람	입술을 오므려 "휘익" _____ 소리를 냅니다.
뜀띠기	토끼와 노루가 _____ 시합을 해요.
열새	자물쇠를 열기 위해서는 _____ 가 필요해요.
해오리	갑자기 _____ 바람이 불어왔어요.
깨병	학교에 가기 싫어서 아프다고 _____ 을 부렸어요.
후해	어제 짝꿍과 말다툼을 한 것이 _____ 돼요.

5 ㅚ, ㅟ, ㅢ를 넣어 낱말을 완성하세요.

| ㄱ | 물 | | ㅎ | 오 | 리 | | ㅊ | 고 | | ㅇ | 사 |

6 다음 시를 따라 읽어 보세요. ㅟ가 들어간 낱말에 동그라미 하세요.

쥐와 고양이

생쥐 한 마리 생쥐 두 마리
생쥐 세 마리 네 마리 다섯 마리
생쥐 여섯 마리 생쥐 일곱 마리
생쥐 여덟 마리 아홉 마리 열 마리
그때 야옹, 그때 야옹
고양이가 나타났네.

겹받침 ㄱㅅ ㅂㅅ

1 소리와 글자

	소리	어떤 낱말이 있을까?
ㄱㅅ	[윽]	몫, 삯, 넋, 품삯
ㅂㅅ	[읍]	값, 없다, 가엾다

2 같은 소리가 나지만 다른 뜻을 지닌 낱말을 잘 살펴보세요.

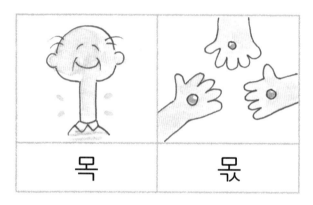

목	몫

업다	없다

3 〈보기〉에서 알맞은 낱말을 골라 문장을 완성하세요.

〈보기〉 없다   몫   품삯   넋   가엾다

필통에 연필이 한 자루도 _____ .

자고 일어나니 내 _____ 으로 과자가 남아 있었다.

욕심쟁이 김 부자는 일한 _____ 도 제대로 주지 않았다.

처음 보는 광경에 _____ 을 잃고 바라보았다.

추운 날씨에 비까지 맞은 고양이가 정말 _____ .

169

겹밭침 ㄴㅈ ㄴㅎ

1 소리와 글자

	소리	어떤 낱말이 있을까?
ㄴㅈ	[은]	앉다, 얹다
ㄴㅎ	[은]	않다, 많다, 끊다, 괜찮다, 귀찮다, 하찮다

2 같은 소리가 나지만 다른 뜻을 지닌 낱말을 잘 살펴보세요.

안다　앉다

안치다　앉히다

3 〈보기〉에서 알맞은 낱말을 골라 문장을 완성하세요.

〈보기〉　앉아 있다　않았다　괜찮다　했잖아　귀찮다

새들이 나뭇가지에 　　　　　.

엄마는 나에게 늦게 온 이유를 묻지 　　　　　.

넘어져서 창피했지만 다친 데는 없어서 　　　　　.

내가 주의하라고 　　　　　.

졸다가 깨어 양치하려니까 　　　　　.

겹받침 ㄹㄱ ㄹㅁ

1 소리와 글자

	소리	어떤 낱말이 있을까?
ㄹㄱ	[윽]	닭, 흙, 읽다, 늙다, 굵다, 갉다, 낡다, 맑다
ㄹㅁ	[음]	굶다, 닮다, 삶다, 옮기다, 젊다

2 같은 소리가 나지만 다른 뜻을 지닌 낱말을 잘 살펴보세요.

익다	읽다

담다	닮다

3 〈보기〉에서 알맞은 낱말을 골라 문장을 완성하세요.

〈보기〉　닮았다　　굶었다　　늙은　　옮깁니다　　낡았다

개미들이 큰 과자를 집으로 　　　　　　.

아빠와 나는 텔레비전 보는 모습까지 　　　　　　.

내 인형들은 오래되어 다 　　　　　　.

먹을 것이 떨어진 생쥐들은 사흘을 　　　　　　.

숲속에는 100살이 넘은 　　　　　여우가 살았다.

겹받침 ㄹㅂ ㄹㅌ ㄹㅎ

1 소리와 글자

	소리	어떤 낱말이 있을까?
ㄹㅂ	[읍]	밟다
ㄹㅌ	[을]	훑다, 핥다
ㄹㅎ	[을]	잃다, 싫다, 옳다, 뚫다, 끓다

2 같은 소리가 나지만 다른 뜻을 지닌 낱말을 잘 살펴보세요.

실어	싫어

끌어	끓어

3 〈보기〉에서 알맞은 낱말을 골라 문장을 완성하세요.

〈보기〉 끓여   뚫어   잃고   짧은   넓은

오늘은 아빠랑 라면을 ⬚ 먹기로 한 날이다.

줄팽이를 만들기 위해서는 구멍을 ⬚ 실을 통과시켜야 한다.

내가 아끼던 연필을 ⬚ 한참을 찾았다.

두 줄 중 ⬚ 쪽은 어떤 색인가요?

두 종이 중 ⬚ 쪽은 어떤 색인가요?

그림 그리기

세모와 네모와 동그라미를 활용해서 그림을 그려 보세요.

5 수를 배우어요

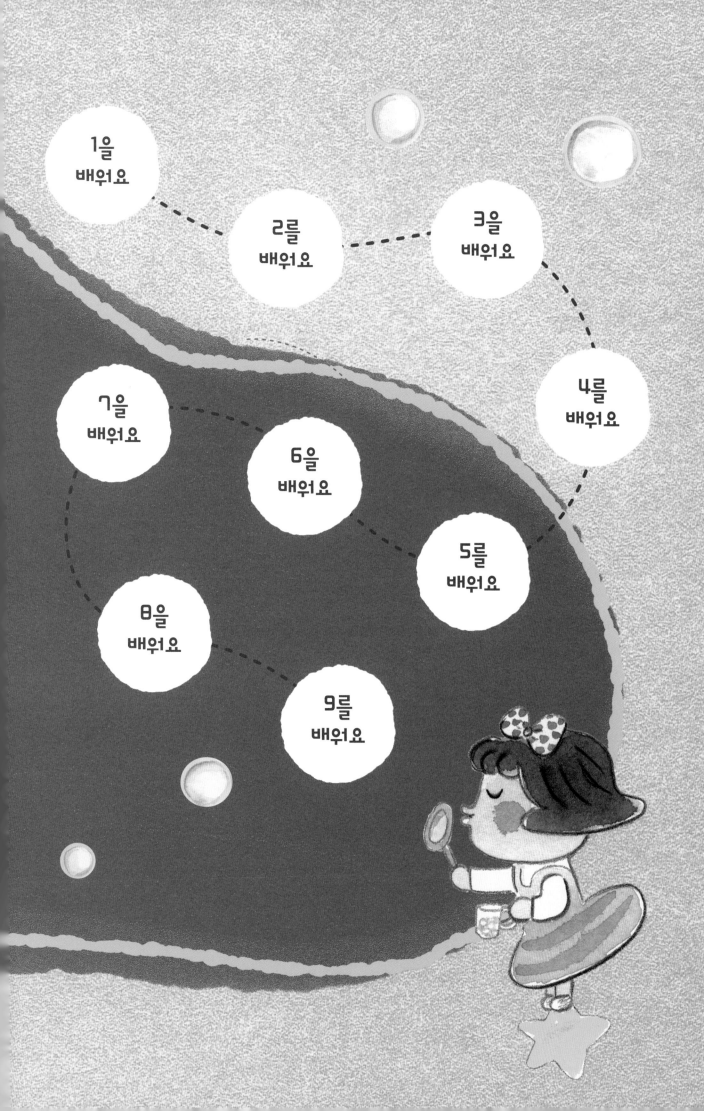

① 을 배워요

쓰기	1					
읽기	일					
세기	하나					

🌸 하나만 색칠하세요.

🌸 하나인 것은 어떤 것이 있을까요? (해, 달 등)

_____

🌸 숫자 1이나 하나인 것으로 꾸며 보세요.

176

② 를 배워요

쓰기	2					
읽기	이					
세기	둘					

● 두 개만 색칠하세요.

● 둘인 것은 어떤 것이 있을까요? (젓가락, 양말, 신발, 팔 등)

_____

● 숫자 2나 둘인 것으로 꾸며 보세요.

③ 을 배워요

쓰기	3					
읽기	삼					
세기	셋					

🌸 세 개만 색칠하세요.

🌸 셋인 것은 어떤 것이 있을까요? (세모, 트라이앵글, 삼 형제 등)

🌸 숫자 3이나 셋인 것으로 꾸며 보세요.

④ 를 배워요

쓰기	4				
읽기	사				
세기	넷				

🌸 네 개만 색칠하세요.

🌸 넷인 것은 어떤 것이 있을까요? (네모, 잠자리 날개, 동서남북, 네 잎 클로버, 나비 날개 등)

🌸 숫자 4나 넷인 것으로 꾸며 보세요.

⑤ 를 배워요

쓰기	5					
읽기	오					
세기	다섯					

● 다섯 개만 색칠하세요.

● 다섯인 것은 어떤 것이 있을까요? (손가락, 단풍잎, 별, 불가사리 등)

● 숫자 5나 다섯인 것으로 꾸며 보세요.

⑥ 을 배워요

쓰기	6				
읽기	육				
세기	여섯				

● 여섯 개만 색칠하세요.

● 여섯인 것은 어떤 것이 있을까요? (주사위, 기타 줄, 육각형, 벌집 등)

● 숫자 6이나 여섯인 것으로 꾸며 보세요.

⑦ 을 배워요

쓰기	7					
읽기	칠					
세기	일곱					

🌸 일곱 개만 색칠하세요.

🌸 일곱인 것은 어떤 것이 있을까요? (일주일, 무지개, 7층탑, 북두칠성 등)

🌸 숫자 7이나 일곱인 것으로 꾸며 보세요.

8 을 배워요

쓰기	8					
읽기	팔					
세기	여덟					

🌸 여덟 개만 색칠하세요.

🌸 여덟인 것은 어떤 것이 있을까요? (리코더 구멍, 낙지 다리, 우산 등)

🌸 숫자 8 이나 여덟인 것으로 꾸며 보세요.

⑨ 를 배워요

쓰기	9				
읽기	구				
세기	아홉				

🍀 아홉 개만 색칠하세요.

🍀 아홉인 것은 어떤 것이 있을까요? (9층탑, 구미호 꼬리, 1~9 숫자 등)

🍀 숫자 9나 아홉인 것으로 꾸며 보세요.

숫자 색칠하기

1부터 9까지 각 숫자에 해당하는 색으로 색칠하세요.

1 연두 2 노랑 3 빨강 4 갈색 5 분홍
6 보라 7 하늘 8 파랑 9 검정

정답

45쪽

65쪽

141쪽

155쪽

지은이 **박지희**

1988년부터 서울의 초등학교 아이들과 생활하고 있습니다. 2019년부터 2022년까지 서울 도봉초등학교 공모 교장을 지내고, 지금은 서울 상원초등학교 1학년 담임 교사 자리로 돌아와 아이들과 살아가고 있습니다. 30여 년 교직 생활 중 주로 1학년 담임을 맡으면서 가장 중요하게 생각한 것이 1학년 한글 떼기였습니다. 정확한 한글 습득은 모든 공부의 토대가 되는 문해력의 출발이라고 믿었기 때문입니다. 한글을 제때 제대로 가르쳐야 아이들은 제대로 배우고 다음 단계의 문해력 발달로 나아간다는 신념으로 체계적인 한글 교육 방법을 연구하고 가르쳐 왔습니다. 《1학년 첫 배움책》을 만들고, 이 책으로 직접 가르치면서 보완해야 할 부분을 꾸준히 찾고 다듬었습니다. 아이스크림 원격 연수원에서 《1학년 첫 배움책》을 바탕으로 〈기초 학력의 첫걸음, 한글 교육〉을 강의했습니다.

쓴 책으로는 《문해력이 쑥쑥! 진짜 초등 국어 공부법》, 《문해력을 키워 주는 어휘 글쓰기 배움책》, 《초등 문해력을 완성하는 어휘 글쓰기 배움책》이 있고, 함께 쓴 책으로는 《온작품을 만났다 낭독극이 피었다》, 《초등학교 1학년 우리말 우리글》, 《7인 7색 국어수업 이야기》가 있습니다.

그린이 **김무연**

학교에서 애니메이션을 전공하고, 지금은 어린이책에 그림을 그리고 있습니다.

그린 책으로는 《내 멋대로 친구 뽑기》 시리즈, 《똥볶이 할멈》 시리즈, 《낭만 강아지 봉봉》 시리즈 등이 있습니다.

1학년 첫 배움책

튼튼한 한글 공부 든든한 학교 첫걸음

1판 1쇄 발행일 2025년 1월 10일

지은이 박지희
그린이 김무연

펴낸이 김상원 정미영
펴낸곳 상상정원
출판등록 제2020-000141호
주소 (05691)서울시 송파구 삼학사로 6길 33, 1층
전화 070-7793-0687
팩스 02-422-0687
전자우편 ss-garden@naver.com

ⓒ 박지희, 김무연 2025

ISBN 979-11-92554-06-8 73700

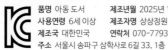

	품명 아동 도서	제조년월 2025년 1월 10일	주의사항 종이에 베거나 긁히지 않도록 조심하세요.
KC	사용연령 6세 이상	제조자명 상상정원	책 모서리가 날카로우니 던지거나 떨어뜨리지 마세요.
	제조국 대한민국	연락처 070-7793-0687	
	주소 서울시 송파구 삼학사로 6길 33, 1층		KC마크는 이 제품이 공통안전기준에 적합하였음을 의미합니다.